Todos los libros de Linkgua Ediciones cuentan con modelos de Inteligencia Artificial entrenados por hispanistas. Pregúntale al chat de tu libro lo que desees acerca de la obra o su autor/a.

Para ebooks: Accede a nuestro modelo de IA a través de este enlace.

Para libros impresos: Escanea el código QR de la portada con tu dispositivo móvil.

Obtén análisis detallados de nuestros libros, resúmenes, respuestas a tus preguntas y accede a nuestras ediciones críticas generativas para una experiencia de lectura más enriquecedora.
La transparencia y el respeto hacia la autoría de las fuentes utilizadas son distintivos básicos de nuestro proyecto. Por ello, las respuestas ofrecen, mediante un sistema de citas, las fuentes con las que han sido elaboradas.

Autores varios

Chilam Balam de Chumayel

Traducción, edición y notas de Antonio Mediz Bolio

Barcelona 2024
Linkgua-ediciones.com

Créditos

Título original: Chilam Balam.

© 2024, Red ediciones S.L.
Traducción de: Antonio Mediz Bolio
Revisada y actualizada por: Ramón Bastarrachea Manzano, Domingo Dzul Poot y Miguel Rivera Dorado

e-mail: info@linkgua.com

Diseño cubierta: Michel Mallard.

ISBN rústica ilustrada: 978-84-9897-513-0.
ISBN tapa dura: 978-84-1126-124-1.
ISBN ebook: 978-84-9897-143-9.

Sumario

Brevísima presentación

El *Chilam Balam* (o el libro del adivino de las cosas ocultas) es una colección de libros escritos durante los siglos XVII y XVIII en lenguaje Maya, en el actual México.

Estos textos pretendieron contener los secretos de los mayas y son una fuente importante para el conocimiento de la religión, historia, folklore, medicina, y astronomía de dicha cultura. Se supone que hubo una cantidad mayor de libros en la colección de *Chilam Balam* (denominados con los nombres de lo pueblos en los que fueron escritos), pero solo un puñado han sobrevivido hasta hoy.

Los libros más importantes del *Chilam Balam* son los siguientes:

Maní
Tizimín
Chumayel
Kaua
Ixil
Tusik
Códice Pérez

El *Chilam Balam de Chumayel*, es quizá el más importante de todos. Balam es el nombre más famoso de los chilames que vinieron antes de la venida de los europeos al continente. Es un nombre de familia pero significa brujo o mago y Chilam o Chilán es el título que se daba a los oráculos que interpretaban los libros y la voluntad de los Dioses. La palabra significa «el que es boca». Balam es también «Jaguar».

Los mayas clásicos tenían un Dios Jaguar. *Chilam Balam* se puede traducir como «Jaguar acostado».

Libro de Chilam Balam de Chumayel

A la esclarecida memoria del tres veces ilustrísimo doctor don Crescencio Carrillo y Ancona, gran sabio en el espíritu, en la lengua y en la vida del Mayab, y a cuyo amor por la insigne raza de que fue hijo excelso se debió la conservación de este precioso libro dedica con filial y devoto respeto este trabajo.

Introducción

El llamado *Chilam Balam de Chumayel* es el más importante de los códices, propiamente manuscritos mayas, que hasta hoy se conocen. Como todos los otros, es una sucesión de textos de diferentes épocas y estilos. Generalmente se ha tenido como compilador de ellos a un indio instruido llamado don Juan José Hoil, natural y vecino de Chumayel, en Yucatán, según aparece en una nota por él suscrita, con fecha 20 de enero de 1782, en la página 81 del libro; pero es muy probable que, aparte del mencionado Hoil, hayan intervenido otros indios en la formación del manuscrito, ya que se puede apreciar que hay en él distintos caracteres y formas de letra y aun distintas clases de ortografía.

La mayor parte de los textos son de índole mística; otros, contienen síntesis de relaciones de hechos, aunque también con un sentido indudablemente religioso; otros, son cronologías extremadamente sintéticas como las que los mayistas llaman «Serie de los Katunes»; hay, también, interesantísimos fragmentos que muchos han tomado, a primera vista por simples colecciones de acertijos y que en realidad no son sino fórmulas simbólicas de iniciación religiosa. La última parte del manuscrito consiste, principalmente, en la transcripción de las «Profecías» atribuidas al sacerdote Chilam Balam y a otros. Del nombre de este sacerdote Chilam Balam han tomado el suyo los manuscritos mayas que, vulgarmente, son llamados desde hace mucho tiempo: libros de *Chilam Balam*.

El manuscrito de Chumayel fue encontrado en el pueblo de su nombre a mediados del siglo XIX y entregado al egregio obispo don Cresencio Carrillo y Ancona, eminentísimo historiador, en cuyo poder estuvo hasta su muerte. Se sabe de una copia hecha por Berendt en el año de 1868 y varios fragmentos de esa copia fueron publicados por Brinton en sus *Maya Chronicles*.

Después de la muerte del señor obispo Carrillo y Ancona, su albacea, don José Dolores Rivero Figueroa, permitió al ilustre sabio don Teoberto Maler, fotografiar, página por página, el valiosísimo documento[1] y, no sé si antes o después, el señor G. B. Gordon[2] hizo también una reproducción fotográfica del mismo manuscrito, que le fue facilitado por don Audomaro Molina, y que se editó en 1913 bajo los auspicios del University Museum, de Filadelfia. Esta magnífica reproducción es la que hoy, afortunadamente, permite el estudio del manuscrito, ya que el original desapareció de la Biblioteca «Cepeda», de la ciudad de Mérida, en donde fue depositado después de la expropiación que de él se hizo al albacea del señor Carrillo y Ancona por el año de 1916.[3]

Es muy de lamentarse que el señor Carrillo y Ancona, cuya autoridad en asuntos mayas, y sobre todo en el idioma,

1 En 1887. (N. del E.)
2 Director del Museo de la Universidad de Pennsylvania.(N. del E.)
3 En 1938 apareció en los Estados Unidos, ofrecido en venta por la suma de 7.000 dólares. Después fue ofrecido al doctor Sylvanus G. Morley por la suma de 5.000 dólares. (N. del E.)

fue indiscutible, no hubiese hecho una traducción completa del manuscrito. Las traducciones fragmentarias incluidas en la obra de Brinton son, por razón natural, muy deficientes y se reducen a las páginas de cronología, brillantemente traducidas después por don Juan Martínez Hernández. Por lo general, ha sido desdeñado todo lo demás del libro con excepción de algunas de las «profecías» (ya traducidas, con los errores de la época, por el padre Lizana, quien tomó el texto de repeticiones orales hechas por los sacerdotes indios contemporáneos de la Conquista).

En 1933, tres años después de publicada la primera edición de esta traducción íntegra del manuscrito que hoy, honrándome mucho, edita por segunda vez la Universidad Nacional de México, apareció una versión al inglés, del profesor Roys, editada por la Carnegie Institution, de Washington. Posteriormente, el profesor Gates publicó una nueva versión suya en el «Maya Quarterly».[4]

Sin duda alguna, los textos del Chumayel, más o menos adulterados, provienen directamente de antiguos cantos o relaciones poemáticas que de padres a hijos fueron bajando, repetidos de memoria, hasta los días de la dominación española, al principio de la cual algunos de los indios (probablemente sacerdotes) que aprendieron a escribir con los caracteres europeos consignaron sigilosamente por escrito tales relaciones con objeto de que no se perdieran en definitiva. Estos manuscritos formaron así, nuevos Libros Mayas devotamente conservados en secreto por sus privilegiados poseedores, según la liturgia tradicional que hacía de los Yanaltés o Libros, cosa santa y oculta.

Un estudio lento y cuidadoso del Chumayel, me hizo encontrar en él cosas tan interesantes y tan llenas de belleza,

4 En 1955 se tradujo al francés (Peret). (N. del E.)

que me determiné a emprender la difícil tarea de ir vertiéndolo íntegro al castellano, para entregarlo en este volumen, al examen y a la discusión de los hombres interesados en esta clase de asuntos y que no conocen la vieja lengua del Mayab.

Declaro que mi principal propósito al acometer este trabajo, fue lograr que, sin que la traducción resultase oscura, conservara hasta donde fuera posible toda la fuerza literal de la expresión maya, para conseguir el resultado de que la intención mental y la ideología pura de aquellos textos pudiera ser apreciada a través del castellano, sin afectar de nuestra mentalidad moderna y mestiza ni la esencia ni la forma maya. Conservando esta disciplina y ayudando mis limitados conocimientos de la lengua con los instrumentos más autorizados, creo haber podido lograr una labor que confío habrá de ofrecer alguna novedad y que, acaso, como a mí mismo, sorprenda un poco a los que no imaginaban el verdadero carácter ni el alcance ni la profundidad de la antigua literatura mística de nuestros padres mayas.

Es cierto que algunas veces, sobre todo cuando se cruza por la maraña sintética de los textos religiosos arcaicos, es preciso interpretar un poco al mismo tiempo que traducir literalmente y que, en ocasiones, se tropieza con la dificultad de poder encontrar, en la precisión, a veces demasiado rígida, de nuestros vocablos, la representación propia del sentido maya auténtico, muchas veces sutilísimo y abstracto, que, especialmente en los conceptos religiosos, más bien sugiere que expresa y que casi nunca deja de tener fina intención alegórica y esencia oculta.

Pero puedo decir sinceramente que, hasta donde cabe, no he interpretado sino vertido con empeñosa fidelidad, concepto a concepto, dejando a los que estudien estos misteriosos escritos el entenderlos e interpretarlos conforme a su preparación y a su intuición personal y propia. Pienso que, contra lo que hasta hoy se ha creído generalmente, la forma y el asunto de casi la totalidad de este manuscrito ha de interesar más a los hombres versados en cuestiones de mística y de esoterismo que a los arqueólogos y a los historiadores. También ofrecerá interés el estudio de estos textos a los aficionados al arte antiguo, que quieran encontrar muestras más o menos fidedignas de la auténtica literatura maya.

Por mi parte, solo podría ufanarme de haber puesto en esta versión, a través de largas y laboriosas vigilias consagradas a este trabajo, todo mi amor y todo mi esfuerzo por hacer una obra honrada que en algo ayude a conocer más el espíritu inefable de la misteriosa y antiquísima raza, en medio de cuyos últimos vástagos nací y he vivido mis mejores años.

Antonio Mediz Bolio

Capítulo I. Crónica de los antepasados

El primer hombre de la familia Canul. La calabaza blanca, la hierba y el palo mulato son su enramada... El palo de Campeche es la choza de Yaxum, el primer hombre del linaje Cauich.

El Señor del Sur es el tronco del linaje del gran Uc. Xkantacay es su nombre. Y es el tronco del linaje de Ah Puch.

Nueve ríos los guardaban. Nueve montañas los guardaban.

El pedernal rojo es la sagrada piedra de Ah Chac Mucen Cab. La Madre Ceiba Roja, su Centro Escondido, está en el Oriente. El chacalpucté es el árbol de ellos. Suyos son el zapote rojo y los bejucos rojos. Los pavos rojos de cresta amarilla son sus pavos. El maíz rojo y tostado es su maíz.

El pedernal blanco es la sagrada piedra del Norte. La Madre Ceiba Blanca es el Centro Invisible de Sac Mucen Cab. Los pavos blancos son sus pavos. Los frijoles lima blancos son sus frijoles. El maíz blanco es su maíz.

El pedernal negro es la piedra del Poniente. La Madre Ceiba Negra es su Centro Escondido. El maíz pinto es su maíz. El camote de pezón negro es su camote. Las palomas negras silvestres son sus pavos. El akab chan (variedad de maíz) es su maíz. El frijol negro es su frijol. El frijol lima negro es su frijol.

El pedernal amarillo es la piedra del Sur. La Madre Ceiba Amarilla es su Centro Escondido. El pucté amarillo es su árbol. El pucté amarillo es su camote. Las palomas silvestres amarillas son sus pavos. El maíz amarillo es su mazorca.

El Once Ahau es el katún en que aconteció que tomaron posesión de los lugares.

Y empezó a venir Ah Ppisté. Este Ah Ppisté era el medidor de la tierra.

Y entonces vino Chacté Abán, a buscar sus lugares de descanso y fin de sus jornadas.

Y vino Uac Habnal a marcar las medidas con señales de hierba, entretanto venía Miscit Ahau a limpiar las tierras medidas, y entretanto venía Ah Ppisul, el medidor, el cual medía amplios lugares de descanso.

Fue cuando se establecieron los jefes de los rumbos Ix Noh Uc, Jefe del Oriente. Ox Tocoy Moo, Jefe del Oriente. Ox Pauah, jefe del Oriente. Ah Mis, jefe del Oriente.

Batún, Jefe del Norte. Ah Puch, Jefe del Norte. Balamná, Jefe del Norte. Aké, Jefe del Norte.

Kan, Jefe del Poniente. Ah Chab, Jefe del Poniente. Ah Uucuch, Jefe del Poniente.

Ah Yamás, jefe del Sur. Ah Puch, Jefe del Sur. Cauich, Jefe del Sur. Ah Couoh, Jefe del Sur. Ah Puc, Jefe del Sur.

La gran Abeja Roja es la que está en el Oriente. Las flores de corola roja son sus jícaras. La flor encarnada es su flor.

La gran Abeja Blanca es la que está en el Norte. Las flores de corola blanca son sus jícaras. La flor blanca es su flor.

La gran Abeja Negra es la que está en el Poniente. El lirio negro es su jícara. La flor negra es su flor.

La gran Abeja Amarilla es la que está en el Sur. La flor amarilla es su jícara. La flor amarilla es su flor.

Entonces se multiplicó la muchedumbre de los hijos de las abejas,[5] en la pequeña Cuzamil.[6] Y allí fue la flor de la miel, la jícara de la miel y el primer colmenar y el corazón de la tierra.

---

5   Los hombres.
6   La isla de Cozumel, que también se llamó *Oycib, ceta* de abeja.

Kin Pauah era el gran sacerdote, el que gobernaba el ejército de los guerreros y era el guardián de Ah Hulneb, en el altar de Cuzamil. Y de Ah Yax Ac-Chinab y de Kinich Kakmó.

A Ah-Itz-tzim-thul chac reverenciaban en Ich-Caan-sihó, los de Uayom Chchichch. Eran sacerdotes en Ich-Caan-sihó, Canul, IxPop-ti-Balam, los dos Ah Kin Chablé. Su rey era Cabal-Xiú.

Los sacerdotes de Uxmal reverenciaban a Chac, los sacerdotes del tiempo antiguo. Y fue traído Hapai-Can en el barco de los Chan. Cuando éste llegó, se marcaron con sangre las paredes de Uxmal.

Entonces fue robada la Serpiente de Vida de Chac-Xib-Chac, la Serpiente de Vida de Sac-Xib-Chac fue robada. Y la Serpiente de Vida de Ek-Yuuan-Chac fue arrebatada también.

IxSac-belis era el nombre de la abuela de ellos. Chac-Ek-Yuuan-Chac era su padre. Hun-Yuuan-Chac era el hermano menor.

Uoh-Puc era su nombre. Esto se escribió: «Uoh», en la palma de su mano.[7] Y se escribió: «Uoh», debajo de su garganta. Y se escribió en la planta de su pie. Y se escribió en el brazo de Ah Uoh-Pucil.

No eran dioses. Eran gigantes.

Solamente al verdadero dios Gran padre adoraban en la lengua de la sabiduría en Mayapán. Ah Kin Cobá era sacerdote dentro de las murallas. Tzulim Chan en el Poniente. Nauat era el guardían en la puerta de la fortaleza del Sur. Couoh era el guardián en la puerta de la fortaleza del oriente. Ah-Ek era otro de sus señores. He aquí su Señor: Ah Tapai Nok Cauich era el nombre de su Halach-Uinic, Hunacceel, el servidor de Ah Mex-Cuc.

7   Letra, signo.

Y éste pidió entonces una flor entera. Y pidió una estera blanca. Y pidió dos vestidos. Y pidió pavos azules. Y pidió su lazo de caza. Y pidió vasijas.

Y de allí salieron y llegaron a Ppole. Allí crecieron los Itzaes. Allí entonces tuvieron por madre a Ix Ppol.

He aquí que llegaron a Aké. Allí les nacieron hijos, allí se nutrieron. Aké es el nombre de este lugar, decían.

Entonces llegaron a Alaa. Alaa es el nombre de este lugar, decían. Y vinieron a Kanholá. Y vinieron a Tixchel. Allí se elevó su lenguaje, allí subió su conocimiento. Y entonces llegaron a Ninum. Allí aumentó su lengua, allí aumentó el saber de los Itzaes. Y llegaron a Chikin-dzonot. Allí se volvieron sus rostros al Poniente. Chikin-dzonot es el nombre de este lugar, decían. Y llegaron a Tzuc-op. Allí se dividieron en grupos, bajo un árbol de anona. Tzuc-op es el nombre de este lugar, dijeron.

Y llegaron a Tah-Cab, donde castraban miel los Itzaes, para que fuera bebida por la Imagen del Sol. Y se castró miel y fue bebida. Cabilnebá es su nombre.

Y llegaron a Kikil. Allí se enfermaron de disentería. Kikil es el nombre de este lugar, dijeron.

Y llegaron a Panab-haá. Allí cavaron buscando agua. Y cuando vinieron de allí, recargaron sus cargas con agua, con agua de lo profundo. Y llegaron a Yalsihón. Yalsihón es el nombre de este lugar, que se pobló. Y llegaron a Xppitah, pueblo también. Y entonces llegaron a Kancab-dzonot. De allí salieron y llegaron a Dzulá. Y vinieron a Pib-hal-dzonot. Y llegaron a Tah-aac, que así se nombra.

Y vinieron al lugar que es nombrado Ti-Cooh. Allí compraron palabras a precio caro, allí compraron conocimientos. Ti-Cooh es el nombre de este lugar.

Y llegaron a Tikal. Allí se encerraron. Tikal es el nombre de este lugar.

Y vinieron a Ti-maax Allí se magullaron a golpes unos a otros los guerreros. Y llegaron a Buc-tzotz. Allí vistieron los cabellos de sus cabezas. Buctzotz se llama este lugar, decían. Y llegaron a Dzidzontun. Allí empezaron a conquistar tierras. Dzidholtun es el nombre de este lugar.

Y llegaron a Yobain. Allí fueron transformados en caimanes por su abuelo Ah Yamás, Señor de la orilla del mar.

Y llegaron a Sinanché. Allí fueron encantados por el mal espíritu nombrado Sinanché.

Y llegaron al pueblo de Chac. Y llegaron a Dzeuc y Pisilbá, pueblos de parientes. Y a otro, a donde habían llegado sus abuelos. Allí se aliviaron sus ánimos. Dzemul es el nombre de este lugar.

Y llegaron a Kini, lugar de Xkil, Itzam-Pech y Xdzeuc, sus allegados. Cuando llegaron a Chibicnal, donde estaban Xkil e ItzamPech, era tiempo de dolor para ellos.

Y llegaron a Baca. Allí les cayó el agua. Baca es aquí, decían.

Y llegaron a Sabacnail, lugar de sus antepasados, troncos de la casta de Ah-Na(h). Los Chel-Na(h) eran sus antepasados.

Cuando llegaron a Benaa recordaron su origen materno.

Y vinieron a Ixil. Y fueron a Chulul. Y llegaron a Chichicaan. Y entonces fueron a Holtún-Chablé. Y vinieron a Itzamná. Y vinieron a Chubulná. Y llegaron a Caucel. Allí el frío se apoderó de ellos. «Cá-ú-Ceel» (cuando se produjo el frío o la turbación) es aquí, decían. Y entonces llegaron a Ucú. Allí dijeron: Yá-ú-Cú (le duele el codo).

Y fueron a Hunucmá. Y llegaron a kinchil. Y fueron a Kaná. Y llegaron a Xpetón, pueblo. Y llegaron a Sahab-balam. Y llegaron a Tah-Cum-Chakán. Y llegaron a Balché. Y llegaron a Uxmal.

De allí salieron y llegaron a Yubak. Y llegaron a Munaa. Allí se hizo tierno su lenguaje y se hizo suave su saber.

Y fueron a Ox-loch-hok. Y fueron a Chac-Akal. Y fueron a Xocné-Ceh. El venado era su genio tutelar cuando llegaron. Y fueron a Ppustunich. Y fueron a Pucnal-Chac. Y fueron a Ppencuyut. Y fueron a Paxueuet. Y llegaron a Xayá. Y llegaron al lugar nombrado Tistis. Y llegaron a Chican. Y llegaron a Tix-meuac. Y llegaron a Hunacthi. Y llegaron a Tzalis. Y llegaron a Musbulna(h). Y llegaron a Tixcan. Y llegaron a Lop. Y llegaron a Cheemi-uán. Y llegaron a Ox-Cah-uanká. Y fueron a Sacbacel-Caan.

Cuando llegaron a Cetelac ya estaban completos los nombres de los pueblos que no lo tenían, y los de los pozos, para que se pudiera saber por dónde habían pasado caminando para ver si era buena la tierra y si se establecían en estos lugares. El «ordenamiento de la tierra» decían que se llamaba esto.

Nuestro padre Dios fue el que ordenó esta tierra.

El creó todas las cosas del mundo y las ordenó.

Y aquellos pusieron nombre al país y a los pueblos, y pusieron nombre a los pozos en donde se establecían y pusieron nombres a las tierras altas que poblaban y pusieron nombre a los campos en que hacían sus moradas. Porque nunca nadie había llegado aquí, a la «garganta de la tierra», cuando nosotros llegamos.

Subinché. Kaua. Cum-Canul. Ti-Em-tun. Allí bajaron piedras preciosas. Sizal. Sacií. Ti-dzoc. Allí acabó el curso del Katún. Timozón. Popolá. Allí se tendió la estera del Katún. Pixoy. Uayum-háa. Sacbacam. Tinum. Allí se dieron nuevas los unos a los otros. Timacal. Popolá. Allí ordenaron la estera del Katún. Tximaculum. Allí hicieron oculto su lenguaje. Dzitháás. Honkauil. Tixmex. Kochilá. Tixxocen. Chumpak. Pibahul. Tunkáás. Haaltunhá. Kuxhilá. Dzidzilché. Ti-Cool. Sitilpech. Chalanté. Allí descansó su ánimo.

Itzam-thulil. Tipakab. Allí hicieron siembras. Tiyá, Consahcab. Dzidzomtun. Lo mismo que sus antepasados, allí asentaron pie de vencedores y conquistaron las Puertas de Piedra. Popolá, al Sur de Sinanché, para venir a Muci y al pozo de Sac-nicté y a Sodzil. Aquí, en donde marcaron el límite del Katún, es el lugar nombrado Mutumut, que es aquí en Mutul. Muxupip. Aké. Hoctun. Allí se detuvieron al pie de la piedra. Xoc-Chchel Bohé. Sac-Cab-há. Tzanlahcat. Human. Allí retumbó la palabra sobre ellos, allí sonó su fama. Chalamté. Pacaxuá. Este es el nombre aquí, decían. Tekit. Allí se dispersaron los restos de los Itzaes.

Yokol-Cheen. Ppupulní-huh. Las iguanas eran sus genios cuando salieron allí. Dzodzil. Tiab. Bitun-Chchen. Sucedió que entraron a Tipikal, nombre de este pozo. Y sucedió que allí se hicieron más numerosos. Y fueron a Poc-huh. Éste es el nombre del pozo en que sucedió que asaron iguanas. Y fueron a Maní. Allí olvidaron su lengua.

Y llegaron a Dzam. Allí estuvieron tres días sumergidos en el agua. Y fueron a Ti-Cul. Sac-lum-Chchén. Tixtohilch-Cheén. Allí fueron saludables. Y fueron a Balam-kin, la tierra de los sacerdotes. A Cchcheen-Chchomac, a Sacniteel-dzonot, a Yaxcab, Umán, Oxcum, Sanhil, y a Ich-Caan-sihó. Y a Noh-pat, el lugar de la Gran Madre; a Poychéná, a Chulul. Y llegaron entonces a Titz-luum-Cumkal. Allí cesaron de filtrarse sus ollas. Yaxkukul. Tixkokob. Cucá... Ekol. Ekol es el nombre del pozo. Tix-ueué. Tíxueué es el nombre del pozo aquí. Su rumor llegó a ellos de pronto. A Kanimacal. A Xaan. Allí, en antiguos tiempos, el Señor de Xul meció su hamaca. Holtun Aké. Acanceh. Ti-Cooh. Ti-Chhahil. Y a la grande Mayapán, la que está dentro de murallas y sobre el agua.

Y fueron a Nabulá. Tixmucuy. Tixkanhub. Dzoyilá. Y llegaron a Sipp. Allí sazonó su lenguaje, allí sazonó su conocimiento.

Y comenzaron a fundar tierras los Señores. Allí estaba Ah-kin-Palon-Cab y estaba el sacerdote nombrado Mutec-pul. Este sacerdote Palon Cab era Ah May. Este sacerdote Mutec-pul, era Guardián de Uayom Chchichch y también de Nunil. Y los dos Ah-kin-Chablé, de Ich-Caan-sihó. Y Holtun Balam, el hijo del que soltó el Yaxum en la llanura.

Allí entonces llegaron otros Señores. Estos Señores eran «iguales en voz» a los dioses. En el Once Ahau sucedió esto. Y entonces fundaron sus pueblos y fundaron sus tierras y se establecieron en Ich-Caan-sihó.

Y entonces bajaron allí los de Holtun-Aké. Y entonces bajaron allí los de Sabacnail. Y así fueron llegando y juntándose los Señores. Estos de Sabacnail tenían por tronco de su linaje a Ah Na(h).

Y entonces se reunieron todos en Ichcaansihó. Allí estaba Ix-Pop-ti-Balam, allí su rey Holtun-Balam... Dzoy... tronco del linaje de Couoh... y los Xíues, Tloual, también. Y el Señor Chacté, de la tierra de los Chacté, los gobernaba, Teppanquis era sacerdote de Ichtab y de Ah-Ppisté, el que midió las tierras. Y he aquí que midió de las tierras que medía, siete medidas [leguas] de tierra de los mayas. Entonces fueron colocados los mojones de las tierras por Ah Ac Cunté. Los mojones de Ah Mis estaban en las tierras barridas por Miscit Ahau. Y así fueron fundadas las tierras de ellos, las tierras regadas. Entonces fue que amaneció para ellos. Nuevo Señor, nuevo despertar de la tierra para ellos.

Y empezó a entrarles tributo en Chichén. En hilo de algodón llegaba antiguamente el tributo de los Cuatro Hombres. El Once Ahau es el nombre del Katún en que sucedió.

Allí se midió el tributo y se vio que era suficiente el conjunto del que había desde el tiempo antiguo. Y entonces sucedió que bajó el tributo de Holtun-Suhuy-uá. Y se vio que era bastante. Fue entonces cuando «se igualó su hablar». Esto sucedió en el Trece Ahau Katún.

Allí recibían el tributo los Grandes Señores. Y entonces comenzaron a reverenciar su majestad. Y comenzaron a tenerlos como dioses. Y comenzaron a servirlos. Y sucedió que llegaron a llevarlos en andas. Y comenzaron a arrojarlos al pozo para que los señores oyeran su voz. Su voz no era igual a las otras voces.

Aquel Cauich, un Hunacceel que era Cauich del nombre de su familia, he aquí que estiraba la garganta, a la orilla del pozo, por el lado del Sur. Entonces fueron a recogerlo. Y entonces salió lo último de su voz. Y comenzó a recibirse su voz. Y empezó su mandato. Y se empezó a decir que era Ahau.[8] Y se asentó en el lugar de los Ahau, por obra de ellos. Y se empezó a decir que antes era Halach-uinic, y no Ahau; que era solo el precursor de Ah Mex Cuc.[9] Y se dijo que era un Ahau porque era el hijo adoptivo de Ah Mex Cuc. Que un águila había sido su madre y que había sido encontrado en una montaña, y que desde entonces se comenzó a obedecerle como Ahau. Tal era lo que entonces se decía.

Entonces se comenzó a levantar la Casa Alta para los Señores y se comenzó a construir la escalera de piedra. Y entonces él se sentó en la Casa de Arriba, entre los Trece Ahau, llenos de majestad.

8   La más alta jerarquía teocrática.
9   «El de las barbas de ardilla.» Divinidad, al parecer, nahoa.

Y comenzó a llegar la Ley, la gloria y el tiempo de Ah Mex Cuc, del que así era el nombre cuando lo trajo.

Cercano, pues, el día de Ah Mex Cuc se comenzó a tenerlo como padre y se comenzó a reverenciar su nombre. Y entonces fue adorado y fue servido en Chichén. Chi-Chén Itzam es su nombre, porque allí fue a dar Itzam, cuando se tragó la Piedra Sagrada de la tierra, la Piedra de la Fuerza del antiguo Itzá. La tragó y fue adentro del agua. Y entonces empezó a entrar la amargura en Chichén Itzá. Y entonces él fue al Oriente, y llegó a la casa de Ah Kin Cobá. Venía ya el Ocho Ahau Katún.

Ocho Ahau es el nombre del Katún que regía cuando salió el cambio del Katún y de los Ahaues.

«¡Ha crecido nuestro dios!» decían sus sacerdotes (los del Sol). Y entonces introdujeron días al año.

«He aquí que vienen abundantes soles», decían. Y ardieron las pezuñas de los animales, y ardió la orilla del mar. «¡Este es el mar de la amargura!», decían arriba, decían ellos.

Y fue mordido el rostro del Sol. Y se oscureció y se apagó su rostro. Y entonces se espantaron arriba. «¡Se ha quemado! ¡ha muerto nuestro dios!» decían sus sacerdotes.

Y empezaban a pensar en hacer una pintura de la figura del Sol, cuando tembló la tierra y vieron la Luna.

Y entonces vinieron los dioses Escarabajos, los deshonestos, los que metieron el pecado entre nosotros, los que eran el lodo de la tierra.

Cuando vinieron, iba acabando el Katún. «El Katún Maldito», aquel en que fue ordenado: «¡Cuidado con lo que habláis, así seáis los señores de esta tierra!».

Cuando entró el tiempo del Katún siguiente, acabado el Katún en que vinieron los deshonestos, se vio la muchedumbre de sus guerreros. Y se comenzó a matarlos. Y se levantaron horcas para que murieran. Y Ox-halal-Chan empezó a flecharlos. Y se comenzó a invocar a los dioses del país. Y se derramó su sangre, y fueron cogidos por los Señores de los Venados... Y entonces se asustaron... y se acabó la contienda.

Capítulo II. Lamentaciones en un Katún once Ahau

El Once Ahau Katún se asienta en su estera, se asienta en su trono. Allí se levanta su voz, allí se yergue su señorío. El rostro de su dios despide rayos.

Bajan hojas del cielo, bajan del cielo arcos floridos. Celestial es su perfume. Suenan las músicas, suenan las sonajas del Once Ahau. Entra al atardecer y cubre muy alegre con su palio al Sol, al Sol que hay en Sulim cham, al Sol que hay en Chikinputún. Se comerán árboles, se comerán piedras, se perderá todo sustento dentro del Once Ahau Katún.

En el Once Ahau se comienza la cuenta, porque en este Katún se estaba cuando llegaron los Dzules,[10] los que venían del Oriente. Entonces empezó el cristianismo también. Por el Oriente acaba su curso. Ichcaansihó es el asiento del Katún.

Esta es la memoria de las cosas que sucedieron y que hicieron. Ya todo pasó. Ellos hablan con sus propias palabras y así acaso no todo se entienda en su significado; pero, rectamente, tal como pasó todo, así está escrito. Ya será otra vez explicado todo muy bien. Y tal vez no será malo. No es malo todo cuanto está escrito. No hay escrito mucho sobre sus traiciones y sus alianzas. Así el pueblo de los divinos Itzaes, así los de la gran Itzmal, los de la gran Aké, los de la gran Uxmal, así los de la gran Ichcaansihó. Así los nombrados Couoh también.

Ciertamente muchos eran sus «Verdaderos Hombres».[11] No para vender traiciones gustaban de unirse unos con otros: pero no está a la vista todo lo que hay dentro de esto, ni cuánto ha de ser explicado. Los que lo saben vienen del gran linaje de nosotros, los hombres mayas. Esos sabrán el

10 Los «Señores Extranjeros», los hombres blancos.
11 *Halach-uinic*. Rey o Gran Jefe.

significado de lo que hay aquí cuando lo lean. Y entonces lo verán y entonces lo explicarán y entonces serán claros los oscuros signos del Katún. Porque ellos son los sacerdotes. Los sacerdotes se acabaron, pero no se acabó su nombre, antiguo como ellos.

Solamente por el tiempo loco, por los locos sacerdotes, fue que entró a nosotros la tristeza, que entró a nosotros el «Cristianismo». Porque los «muy cristianos» llegaron aquí con el verdadero Dios; pero ese fue el principio de la miseria nuestra, el principio del tributo, el principio de la «limosna», la causa de que saliera la discordia oculta, el principio de las peleas con armas de fuego, el principio de los atropellos, el principio de los despojos de todo, el principio de la esclavitud por las deudas, el principio de las deudas pegadas a las espaldas, el principio de la continua reyerta, el principio del padecimiento. Fue el principio de la obra de los españoles y de los «padres», el principio de los caciques, los maestros de escuela y los fiscales.

¡Que eran niños pequeños los muchachos de los pueblos, y mientras, se les martirizaba! ¡Infelices los pobrecitos! Los pobrecitos no protestaban contra el que a su sabor los esclavizaba, el Anticristo sobre la tierra, puma de los pueblos, gato montés de los pueblos, chupador del pobre indio. Pero llegará el día en que lleguen hasta Dios las lágrimas de sus ojos y baje la justicia de Dios de un golpe sobre el mundo.

¡Verdaderamente es la voluntad de Dios que regresen Ah-Kantenal e Ix-Pucyolá, para arrojarlos de la superficie de la tierra!

Capítulo III. El final del tiempo antiguo

En el año de 1541 de los Dzules.

1541 el día 5 Ik 2 Chen.

He aquí la memoria que escribí. Hace veinte Katunes y quince Katunes más que las pirámides fueron construidas por los herejes. Grandes hombres fueron los que las hicieron. Y los restos de su linaje se marcharon. Cartabona[12] es el nombre de la tierra en donde ahora están. Allí estaban cuando llegó San Bernabé[13] y enseñó que debían matarlos, porque eran hombres herejes. Este es el nombre de su casta.

* * *

1556. La diferencia hoy son quince años. He aquí lo que escribí: Los grandes templos fueron levantados por los nobles antepasados, y sus reyes hicieron cosas de gran fama. Durante trece Katunes y seis años más estuvieron levantando las pirámides, los que las hacían en el tiempo antiguo. Desde el principio de las pirámides, hicieron quince veces cuatrocientas veintenas de ellas y cincuenta más, en su cuenta en conjunto. Las pirámides hechas llenaron toda la tierra del país, desde el mar hasta el tronco de esta tierra. Y dejaron sus nombres y los de los pozos. Entonces fue que su religión fue compuesta por Dios.

¡Y ardió por el fuego el pueblo de Israel y los profetas! ¡La memoria de los Katunes y los años fue tragada en la Luna roja! ¡Roja Luna roe de la tierra el linaje de los Tutulxiú!

12 Cajabón (hoy en Guatemala).
13 El día de San Bernabé, fecha de la decisiva batalla de los Conquistadores en *Ichcaansihó,* hoy Mérida.

Memoria de los Katunes y de los años en que fue por primera vez conquistada la tierra de Yucatán por los Dzules, hombres blancos. Que dentro del Once Ahau Katún sucedió que se apoderaron de «la puerta del agua», Ecab. Del Oriente vinieron. Cuando llegaron, dicen que su primer almuerzo fue de anonas. Esa fue la causa de que se les llamara «extranjeros comedores de anonas». «Señores extranjeros chupadores de anonas» fue su nombre. Así los nombraron los habitantes del pueblo que conquistaron: los de Ecab. Nacom Balam es el nombre del primer conquistado, en Ecab, por el primer capitán don Juan de Montejo, primer conquistador, aquí en el país de Yucatán. En este mismo Katún sucedió que llegaron a Ichcaansihó.

En el año de 1513, en el Trece Ahau Katún sucedió que conquistaron Campeche. Un Katún estuvieron allí. El sacerdote Camal, de Campeche, metió a los extranjeros al país.

* * *

Fue en 20 de agosto del año 1541. Marqué los nombres de los años en que empezó el Cristianismo.

1519 años. Cumplidos ciento cincuenta y un años después, hubo acuerdo con los extranjeros. Eso es lo que pagáis. Se levantó la guerra entre los blancos y los otros hombres de aquí de los pueblos, los que eran capitanes de los pueblos antiguamente. Eso es lo que pagáis hoy.

* * *

He aquí lo que escribo. En el año de 1541, fue la primera llegada de los Dzules, los extranjeros, por el Oriente, a Ecab, que así es su nombre. El año en que llegaron a la «puerta del agua», Ecab, pueblo de Nacom Balam, era el primer principio de los días y de los años del Katún Once Ahau. Quince veintenas de años antes de que llegaran los Dzules fue la dispersión de los Itzaes. Fue abandonada la ciudad de Sac-lahtun, y fue arruinada la ciudad de Kinchilcobá. Y fue arruinada Chichén Itzá. Y fue abandonada la ciudad de Uxmal, y la que está al sur de la ciudad de Uxmal nombrada Cib, y también Kabah. Y fue arruinada Seyé, y Pakam, y Homtún, y la ciudad de Tixcalom-kin, y Aké, la de las puertas de piedra. Y fue abandonada la ciudad a donde baja la lluvia del rocío, Etzemal.

Allí bajó el hijo del verdadero Dios, Señor del cielo, rey, Virgen Milagrosa. Y dijo el rey: «Bajen las rodelas de Kinich-Kakmó. Ya no puede reinar aquí. Pero queda el Milagroso y el Misericordioso. Bajaron cuerdas, bajaron cíngulos venidos del cielo. Bajó su voz, venida del cielo. Y entonces fue reverenciada su divinidad por los demás pueblos, que dijeron que eran vanos los dioses de Emmal. Y entonces se fueron los grandes Itzaes.

Trece veces cuatrocientas veces cuatrocientos millares y quince veces cuatrocientas veces, cuatrocientos centenares más, su éxodo, los ancianos jefes de los herejes Itzaes. He aquí que se fueron. También sus discípulos fueron tras ellos en gran número y les daban su sustento.

Trece medidas de maíz, y nueve medidas y tres puñados de grano, para cada uno, fue su ración. Y muchos pequeños pueblos, con sus dioses familiares delante, fueron tras ellos también.

No quisieron esperar a los Dzules, ni a su cristianismo. No quisieron pagar tributo. Los espíritus señores de los pájaros, los espíritus señores de las piedras preciosas, los espíritus señores de las piedras labradas, los espíritus señores de los tigres, los guiaban y los protegían. ¡Mil seiscientos años y trescientos años más y habría de llegar el fin de su vida! Porque sabían en ellos mismos la medida de su tiempo.

Toda Luna, todo año, todo día, todo viento, camina y pasa también. También toda sangre llega al lugar de su quietud, como llega a su poder y a su trono. Medido estaba el tiempo en que pudieran elevar sus plegarias. Medido estaba el tiempo en que pudieran recordar los días venturosos. Medido estaba el tiempo en que mirara sobre ellos la celosía de las estrellas, de donde, velando por ellos, los contemplaban los dioses, los dioses que están aprisionados en las estrellas. Entonces todo era bueno.

Había en ellos sabiduría. No había entonces pecado. Había santa devoción en ellos. Saludables vivían. No había entonces enfermedad; no había dolor de huesos; no había fiebre para ellos, no había viruelas, no había ardor de pecho, no había dolor de vientre, no había consunción. Rectamente erguido iba su cuerpo, entonces.

Pero vinieron los Dzules y todo lo deshicieron. Ellos enseñaron el miedo; y vinieron a marchitar las flores. Para que su flor viviese, dañaron y sorbieron la flor de los otros.[14] Mataron la flor de Nacxit Xuchitl.

No había ya buenos sacerdotes que nos enseñaran. Ese es el origen del asiento del segundo tiempo, del reinado del segundo tiempo. Y es también la causa de nuestra muerte. No teníamos buenos sacerdotes, no teníamos sabiduría, y al fin se perdió el valor y la vergüenza. Y todos fueron iguales.

No había Alto Conocimiento, no había Sagrado Lenguaje, no había Divina Enseñanza en los sustitutos de los dioses que llegaron aquí. ¡Castrar al Sol! Eso vinieron a hacer aquí los

14 «La flor de Nacxit Xuchit.»

extranjeros. Y he aquí que quedaron los hijos de sus hijos en medio de las gentes, que solo reciben su miseria.

Sucede que tienen rencor estos Dzules, porque los Itzaes tres veces fueron a atacarlos a causa de que hace sesenta años les quitaron nuestro tributo, porque desde hace tiempo están predispuestos contra estos hombres Itzaes. No, nosotros lo hicimos y nosotros lo pagamos hoy. Tal vez por el Concierto que hay ahora esto acabe en que haya concordia entre nosotros y los Dzules. Si no es así, vamos a tener una gran guerra.

Capítulo IV. Notas calendáricas y astronómicas

El principio del Once Ahau
1513 años.
Ya acabó.

Empezó Hoil	en 1519.
Se fundó San Francisco en Santiago de Mérida	1519
Se fundó en medio de la ciudad la Iglesia Mayor, en el año de	1541

Meses dentro	del año 12
Días seguidos	dentro de un año 365
Noches seguidas	dentro de un año 365
Fila de	las semanas dentro de un año 52 y un día
Fila de los	domingos dentro de un año 53
Días seguidos dentro de seis meses desde el principio	181
Días seguidos dentro de seis meses en la segunda parte, para completar un año	184
Días que cuenta	la semana 7

Esta es la cuenta.

Serie de los meses dentro de un año

Poop	16	de Julio.
Uoo	5	de Agosto.
Zip	25	de Agosto.
Zods	4	de Octubre.
Zec		
Xul	24	de Octubre. Es cuando ovan los peces.
Dze-yax-kin	13	de Noviembre. Es cuando se doblan las cañas del maíz.
Mol	3	de Diciembre.
Chchén	23	de Diciembre.
Yaax	12	de Enero. Es buen tiempo para cosechar.
Zac	1	de Febrero. Es cuando florecen las flores blancas.
Ceeh	21	de Febrero.
Mac	13	de Marzo. Es cuando ovan las tortugas.
Kan-kin	2	de Abril.
Muan	22	de Abril. Se detiene la carrera del Sol en la cintura del cielo.
Paax	12 de	Mayo.
Kayab	1 de	Junio.
Cum-kú	21	de Junio.

Chumayel 28, nació su ahijada Micaela Castañeda.

Los wayeyab (los días «duendes» del año), son cinco.

Cuando va a llegar el día 11 de junio se alargan los días. Cuando va a llegar el día 13 de septiembre, son muy iguales el día y la noche. Cuando va a llegar el día 12 de diciembre se acorta el día y se hace ancha la noche. Cuando va a llegar el día 10 de marzo, son iguales el día y la noche.

	POOP 16 de julio		YAAX 12 de enero Es buen tiempo para cosechar
	UOO 5 de agosto		ZAC 1 de febrero Es cuando florecen las flores blancas
	ZIP 25 de agosto		CEEH 21 de febrero
	ZOTZ		MAC 13 de marzo Es cuando ovan las tortugas
	TZEC 4 de octubre		KAN-KIN 2 de abril
	XUL 24 de octubre Es cuando ovan los peces		MUAN 22 de abril Se detiene la carrera del sol en la cintura del cielo
	DZE-YAX-KIN 13 de noviembre Es cuando se doblan las cañas del maíz		PAAX 12 de mayo
	MOL 3 de diciembre		KAYAB 1 de Junio
	CHEN 23 de diciembre		CUM-KU 21 de junio

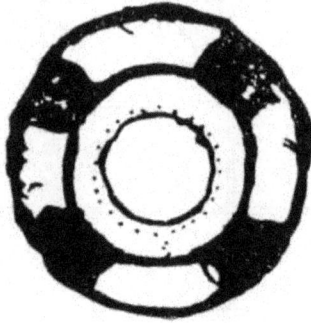

He aquí el círculo que está en medio, el que es blanco. Significa que es por donde va caminando el Sol. Las dobles ruedas de alrededor, las negras, significan que la cara del Sol va sobre la grande negra y baja a la pequeña negra. Asimismo, es igual como va y como camina, aquí también en el mundo sobre la tierra. Y así es como se ve en toda la extensión del país la marcha del Sol. Coge para caminar una verdadera jícara alargada y entra a ella por la parte más grande, que es la orilla de la tierra. Así es el Kahlay del Sol, como se sabe aquí en esta tierra.

A los hombres les parece que a sus lados está ese medio círculo en que se retrata cómo es mordido el Sol. He aquí que es el que está en medio. Lo que lo muerde, es que se empareja con la Luna, que camina atraída por él, antes de morderlo.

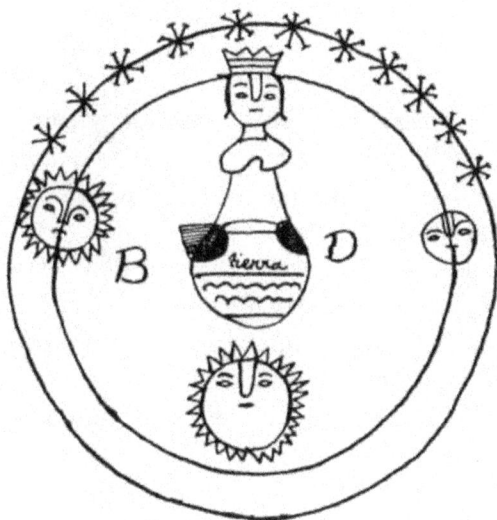

Causa de los eclipses solar y lunar

El tronco de la tierra es Campeche, Maní es el corazón de la tierra

Calkiní Ichcaansihó

La cabeza de la tierra es Cumkal
Naumpech
I (x) Zac nicté
Chheen Zodzil
Muhel
Itzmal

Kinzazal Xa Zaquij Ah Kin
Chablé
Ah Kok bak
Tixkokob

Llega por su camino al norte, grande, y entonces se hacen uno y se muerden el Sol y la Luna, antes de llegar al «tronco del Sol». Se explica para que sepan los hombres mayas qué es lo que le sucede al Sol y a la Luna.

Eclipse de Luna. No es que sea mordida. Se interpone con el Sol, a un lado de la tierra.

Eclipse de Sol. No es que sea mordido. Se interpone con la Luna, a un lado de la tierra.

Esto es señal que da Dios de que se igualan; pero no se muerden.

Capítulo V. Palabras del Suyua Tan

Lenguaje de figuras y su entendimiento, para nuestro señor Gobernador Mariscal, que está establecido en Tzuc-Uaxim, al Oriente de Ichcaansihó, allí donde había tierra que tomara para tener su huerta y su solar y se estableciera allí. Llegará el día en que acabe su camino, y vaya a hablar a su rey. Recio será su hablar y rojo su vestido, cuando llegue.

He aquí, en lenguaje de alegorías, lo que va a decir, lo que va a preguntar el rey de esta tierra cuando llegue el día en que acabe el tiempo de los del Tres Ahau Katún, cuando vaya a llegar el otro Katún, el Uno Ahau Katún. Así está dicho.

Este Katún de ahora, el Tres Ahau Katún, ya llegó al día en que acabó su señorío y su majestad. No tenía otro camino. Era prestado lo que había dentro de él.

He aquí el Uno Ahau Katún, presente dentro de la casa del Tres Ahau Katún, para visitarlo. Y le están dando diversión porque los del Tres Ahau Katún, avergonzados, se van yendo a esconder en sus lugares.

El Kaat Naat, el Preguntador, viene dentro del Katún que ahora acaba. Y llega en el tiempo en que se ha de «pedir su entendimiento» a los Príncipes de los pueblos; si saben cómo antiguamente vinieron sus linajes y sus Señores; si ellos son de linaje de reyes o Señores; si son de Señores sus linajes. Y que lo comprueben. He aquí el primer enigma que se les propondrá. Les pedirán su comida. «Traed el Sol», les dirá claramente el Verdadero Hombre. Así se les dirá a los Príncipes: «Traed el Sol, hijos míos. Y que sea extendido en mi plato. Que en él esté clavada la lanza del cielo, en medio de su corazón. Sobre el Sol ha de estar sentado el Gran Tigre, bebiendo su sangre». En leguaje figurado ha de entenderse. He aquí el Sol que se les pedirá: el sagrado huevo frito. He aquí la lanza y la cruz del cielo, clavadas en su corazón: lo que decimos «la bendición». He aquí el tigre verde, agazapado encima bebiendo su sangre: el chile verde, que tiene tigre. Esto es en lenguaje figurado.

Esta es la segunda cuestión que se les propondrá. «Que vayan a traer los sesos del cielo, para que los vea el Verdadero Hombre, que tiene muy grandes deseos de verlos.» Se les decía que fueran con cuidado. He aquí que los sesos del cielo son el incienso. Lenguaje figurado.

He aquí el tercer enigma que se les propondrá: Que si cuando construyen una casa grande la fachada está en línea recta de una pieza con el techo. He aquí la casa grande; el sombrero real, asentado en el suelo.

—Se les dirá que suban sobre el real caballo blanco, con su vestido y su capa blancos, en la mano una sonaja blanca, que irá sonando. El caballo estará manchado de sangre, que se verá salir de la flor de la sonaja.

—He aquí el caballo blanco: la sandalia de los pies con hilos de henequén. La sonaja blanca, la capa blanca, la flor, son los señores blancos. La sangre de la flor de la sonaja, el oro. Está en medio de ella, porque ensangrentado sale de los que no tienen madre ni padre, y de ellos viene.

Ésta es la cuarta prueba que se les hará. Se les pedirá que se vayan a su casa. Y se les dirá entonces: «Cuando vayáis a regresar acaso veáis el fuego de mediodía y seréis dos muchachos que estaréis en cuclillas. Cuando lleguéis, tendréis vuestro perro junto a vosotros. Este vuestro perro tendrá en las manos el alma de Nuestra Santa Señora, cuando lleguéis con él».

—He aquí los dobles muchachos que se les decía, y el fuego del mediodía: que se sentarían sobre su sombra. Por eso se les decía que irían en cuclillas cuando llegaran a casa del

Verdadero Hombre. El perro suyo de que se les preguntará es su pureza, y el alma de Nuestra Santa Señora, son las grandes candelas o hachas de cera. Esto es en lenguaje figurado.

Éste es el quinto enigma que se les propondrá: Se les dirá que vayan a buscar el corazón de Dios, en el cielo. «Y me traerás el de los muchos hijos en su capa, que esté envuelto por detrás en una sábana blanca.» He aquí el corazón de Dios: la sagrada piedra preciosa. El de los muchos hijos que se les decía, es el pan real, con muchos frijoles dentro. La envoltura blanca, es el paño blanco. De esto, se les pedirá el significado del lenguaje figurado.

Éste es el sexto enigma que se les propondrá: Que vayan a buscar la rama del árbol de pochote, y tres cosas torcidas, y bejuco vivo. «Eso hará muy sabrosa mi comida de mañana; tengo deseos de comerlo. ¡Quién sabe si será malo comer el tronco del pochote!», les dirá.

—He aquí el tronco del árbol de pochote: la lagartija. Las tres cosas torcidas: la cola de la iguana. El bejuco vivo: los intestinos del cerdo. El tronco del árbol de pochote: el tronco de la cola de la lagartija. Lenguaje figurado.

Éste es el séptimo enigma que se les propondrá: Se les dirá: «Ve a traerme las que cubren el fondo del Cenote, dos blancas, dos amarillas. Tengo deseos de comerlas». He aquí las que cubren el fondo del cenote, que les pedirán: las jícamas, dos de ellas amarillas.

El que haya entendido, podrá alcanzar el principado de los pueblos, una segunda vez, en presencia del rey, Gran Verdadero Hombre.

Serán cogidos los príncipes de los pueblos, porque no tienen entendimiento.

Y si no es entendido por los Príncipes de los pueblos, les dirá estas palabras:

«¡Tristísima estrella adorna el abismo de la noche! ¡Enmudece de espanto en la Casa de la Tristeza! Pavorosa trompeta suena sordamente en el vestíbulo de la casa de los nobles: los muertos no entienden. Los vivos entenderán.»

Los que estén sobre el Principado de los pueblos, los que tengan medida su cosecha, sabrán que dolorosamente acabará su reinado. Atadas sus manos por delante, a sus partes genitales, con una cuerda remojada, serán llevados al rey, Primer Verdadero Hombre. Los últimos Príncipes, los que estén sobre su loco tiempo y sobre su loca edad, oirán que con dolor acabará su principado; los que existan en el tiempo en que se extinga el término del Katún.

Cuando esté acabando el Tres Ahau Katún, serán cogidos los Príncipes de los pueblos, porque no tienen entendimiento.

Así se alcanzarán los cargos de jefes de las ciudades. Ésta es la relación. Para dar su sustento a los Grandes Verdaderos Hombres, cuando éstos pidieran su comida, se atarán una cuerda al cuello, se cortarán la punta de la lengua y apartarán sus ojos del tiempo que va a acabar. Estos hijos de nobles se sacarán de sí mismos en presencia de su padre. Y se pondrán de rodillas, para que sepa que tienen sabiduría y para que se les entregue su estera y su trono. Con la misma medida se mirará su cosecha. Cuidadosamente se verá su linaje de soberanos de esta tierra. Y los que vivan en ese día, recibirán su gran vara.

Así es como será fundado otra vez el linaje de los hombres mayas, aquí en la tierra de Yucatán.

Dios primero, cuando se acabe el mundo, el Verdadero rey vendrá a preguntarnos: «¿Lo que obedecéis, lo que adoráis, son piedras o piedras preciosas?». Y pedirá un árbol de vino de balché. El que no lo tenga, será muerto. Y al que adore al dios de su tierra y diga que no sabe si es dios, le sucederán todas las cosas que están escritas.

Así también, los nobles descendientes de los Príncipes, que hayan sabido cómo vinieron sus linajes y los reyes que justamente los gobernaban, verán que era su sabiduría la que tenía poder sobre sus vasallos. Y solemnemente les serán entregados su estera y su trono por Nuestro padre el Gran Verdadero Hombre.

Esa su estera y ese su trono fueron aporreados y enterrados, y su rostro fue pisoteado sobre el suelo, y fue ensuciado y arrastrado en el tiempo del desvarío y en la época de la rabia. «Hijos de la pereza», les dijo el Hijo del Mal, el de la falsa estera, el del falso trono, el mono de los dioses, el pícaro bellaco. Y así caminaban dentro del Tres Ahau Katún, hinchado y roto el corazón, los descendientes de los nobles, los hombres de sangre real, hasta que se les viniera a decir que fueran a tomar el Principado de los pueblos, para ir a tomarlo.

El preguntador

* * *

—«Hijo mío, ve a traerme la flor de la noche», se le dirá. Y entonces irá de rodillas a la presencia del Verdadero Hombre que se la pide.

—«Padre, la flor de la noche, la que me pides, conmigo viene, y también lo malo de la noche, que está conmigo», dirá.

—Bien, hijo, si allí están contigo, acaso esté junto a ti también la Venerable Flaca con el Gran Álamo.

—Padre, están conmigo, conmigo vinieron.

—Así, pues, hijo mío, si contigo vinieron, ve a convidar a tus parientes; uno es un viejo que tiene nueve hijos, y una es una vieja que tiene nueve hijas.

—Padre —dice cuando responde—, conmigo llegaron, aquí están junto conmigo. Delante de mí vinieron cuando llegué a verte.

—Hijo, pues si están contigo, ve a recoger las piedras de la llanura y con ellas ven, juntándolas y recogiéndolas sobre tu pecho, si es verdad que eres Verdadero Hombre, si eres del linaje de los reyes de esta tierra.

He aquí la flor de la noche que se le pedía: la estrella del cielo. He aquí lo malo de la noche: la Luna, la venerable Flaca y el Gran Álamo, el «cargador de la tierra» que se llama «el de pellejo arrugado que está abajo». El viejo que se le pedía, que tiene nueve hijos, es el dedo gordo del pie, la vieja es el dedo pulgar de la mano. Las piedras de la llanura que se le pedían y que juntaba abrazadas: las codornices.

—Así también, hijo mío, aunque te hayan dicho que es tu suegro, no se te ha dicho que mires su cara.

—Padre, junto a mí está.

—Así, pues, hijo, ve a traerme la resina celestial. Por el Oriente has de venir cuando regreses. Siguiéndote muy junto ha de venir.

—Así sea, padre —dice—. He ahí a su suegro que está a su espalda: la corteza de la calabaza. He aquí la resina del cielo que se le pedirá: el incienso labrado, en muchos granos. Lo que se le dice que ha de venir siguiéndolo, es su sombra que estará a sus espaldas, agrandada por el Sol poniente.

—Hijo, puesto que eres Verdadero Hombre, puesto que eres también poderoso, ve a traerme las «cuentas» con que rezas. Las «cuentas» que se le piden son: las piedras preciosas. Entonces se le ha de preguntar cuántos son los días en que reza.

—Padre —dice— el primer día rezo y el décimo rezo.

—¿En qué días levantas tu oración?

—Padre, el noveno día y el décimotercero día. El noveno día a Dios, y el décimotercero al Verbo. Es cuando repaso mis «cuentas».

—Hijo, ve a traerme tus ropas, para que sienta yo su olor aquí y su olor de lejos; el olor del paño de mi cintura, el olor de mis vestidos, el olor de mi pebetero, el olor que es atraído al centro del cielo, al centro de las nubes. Y lo que pega mi boca y está en la jícara blanca; si eres Verdadero Hombre.

—Padre, voy a traerlo —dice.

He aquí el olor de sus ropas que se le pide, el olor que es atraído al centro del cielo: el incienso encendido que se quema. He aquí lo que pide que pega su boca: el cacao molido, el chocolate.

—Así, pues, hijo, ve a traerme la primera sangre de mi hija; y su cabeza y su vientre y su muslo y su mano. Y lo que tienes tapado dentro de una vasija de barro virgen, y el primer asiento de mi hija. Muéstramelo; tengo deseo de verlo.

Ya te he dado lo que te anudará la garganta en mi presencia y lo que hará reventar tu llanto.

—Así sea, padre. Igualmente vendrá la raspadura del manto del repartidor, pasado mañana, con él —y entonces se va.

He aquí la primera sangre de la hija, que se le pide: el vino maya. El vientre de la hija: la colmena de la miel. La cabeza de la hija: la vasija de barro virgen, en que se remoja el vino. Así como el primer asiento de la hija: el colmenar. El raspar el manto del repartidor es pelar la corteza del balché. He aquí los huesos de la hija: el balché agujereado. El muslo que dice es el tronco del balché. La mano de la hija es la rama del balché. Lo que se dice que llorará es que como embriagado dice: «Entonces que me sea dado». Sin moverse, suspenso su hablar, rígida su lengua, estará cuando llegue.

—Padre, he aquí a tu hija, que me diste para que guardara. Lo que tú digas, padre. Tú eres mi Señor —dice así su hijo.

—«¡Ah, hijo mío! Igual eres a los Verdaderos Hombres, igual a los que tienen poder. ¡Recuérdalo, pues! ¡Sábelo, pues!» —así dice—. «Eso es la sangre de la hija que te he pedido. Infinitas veces pasa la hija delante de él, llorando, y la hija reposa al fin abajo. Rompe en llanto mientras la mira caer, y entretanto, habla. Ah, hijo mío —dice— mientras lloras, ya eres Verdadero Hombre. ¡Oh, hijo mío, ya tienes poder! Ah, ya eres igual al Verdadero Hombre. Voy a entregarte tu estera y tu trono y tu señorío. ¡Tú, hijo mío! ¡Tuyo es el poder, tuya es la realeza! ¡Tú, hijo mío!»

Así acabará el hablar a los Príncipes de los pueblos. Y saldrán del lugar donde está el Gran Verdadero Hombre, el lugar cabeza de esta tierra. Y se irán a sus casas.

Cuando estén en sus casas, darán su sustento al Verdadero Hombre, y pedirán su propio sustento también. Y así irán a explicarlo:

—Hijo mío, tráeme cuatro pájaros «cardenales» que están en la puerta de la cueva. Me levanto sobre lo que es lo primero que pega mi boca y colorado estará. Levantará su penacho sobre lo que pega mi boca, cuando llegue delante de mí.

—Así sea, padre.

He aquí lo que pide: el vino. Éste es el penacho que dice: la espuma del chocolate. Lo que pega su boca: el cacao acabado de moler.

—Hijo, tráeme los pájaros de la noche, y las cosas que taladran la noche, y los sesos del cielo. Tengo muchos deseos de verlos aquí.

—Así sea, padre.

He aquí lo que se le pide: El incensario en que se quema el incienso. He aquí lo que taladra la noche: la piedra preciosa. He aquí los sesos del cielo: el incienso. Lenguaje figurado.

—Hijo, tráeme los huesos de tu padre, los que enterraste hace tres años. Tengo muchos deseos de verlos.

—Así sea, padre.

He aquí lo que pide: la yuca cocida bajo tierra; que fuera a dársela al Verdadero Hombre.

—Hijo, ve a traerme un viejo que no tiene abrochados los botones de su vestido. «El que se esconde en el agujero de la tierra cuando llueve» se llama.

—Así sea, padre.

Lo que se le pide es el armadillo.

—Hijo, tráeme tres mitades del cielo. Tengo deseos de comerlas.

—Así sea, padre.

Lo que se le pide es «atole chorreado», la espuma del atole. En lenguaje figurado se le pedirá todo.

—Hijo, tráeme un tronco de henequén, de un henequén gordo; no le quites el cogollo; vengan también sus pies rayados y quebrados.

—Así sea, padre.

He aquí lo que le pide: la cabeza de jabalí asada bajo tierra que se la diese. El cogollo que dice es la lengua, porque esa su lengua es su espíritu. Lenguaje figurado.

—Hijo, que me traigas los gavilanes de la noche para que yo coma.

—Así sea, padre.

Lo que le pide son: pollos.

—Hijo, dile a la Venerable Flaca y al que se llama «el del pellejo arrugado de abajo» que me traigan un cesto de tordos; que se cogen debajo del Gran Álamo. Allí están desparramados a la sombra del álamo.

—Así sea, padre.

He aquí lo que le pide: frijoles negros, que están en la casa del Ah Cuchcab (el cargador de la tierra), de la Venerable Flaca y del que se dice «el del pellejo arrugado de abajo».

—Hijo, que vayan a buscar el tigre de la cueva, para que sea guisado y yo lo coma. Tengo deseos de comer tigre.

—Así sea, padre.

El tigre que pide es el tepezcuintle.

—Hijo, tráeme siete hojas de lo que es abrigo de los que no tienen padre. Tengo deseos de comerlas en el día en que se han de comer.

—Así sea, padre.

He aquí lo que le pide: hojas de chaya apretadas y cocidas (dzotob-Chay).

—Hijo, tráeme dos buenos bailarines que vengan a bailar para que me divierta; que vengan con su tambor y su sonaja y con su abanico y con el palillo de su tambor. Los espero.

—Así sea, padre.

He aquí lo que le pide: pavos. Su tambor es su papada, su sonaja es su cabeza, su abanico es su cola, el palillo de su tambor es su muslo. Lenguaje figurado.

—Hijo, tráeme el capricho de esta tierra. Tengo ganas de comerlo.

—Así sea, padre.

Lo que se le pide es: la miel.

—Hijo, tráeme las piedras de la tierra quemada, las que han ardido; y que venga con ellas su hija, para que con ella yo las apague y que se deshagan aquí en mi casa.

—Así sea, padre.

He aquí lo que le pide: el macal asado bajo tierra; su hija, para que con ella las apague: el licor de la miel.

—Hijo, tráeme las luciérnagas de la noche, las que de norte a poniente hacen pasar su olor. Que venga con ellas la lamida de la lengua del tigre.

—Así sea, padre.

Lo que pide es: cigarros. La lamida de la lengua del tigre es el fuego.

—Hijo, tráeme a tu hija para que yo la vea y a la que tiene blanca y limpia la cara, la muy bonita; blanco es su rebozo y su cinturón. Tengo muchos deseos de ella.

—Así sea, padre.

He aquí lo que le pide: la jícara blanca, y atole. Lenguaje figurado.

—Hijo, tráeme la que se llama sabel, cuyo olor es caro.

—Así sea, padre.

Lo que pide es: el melón.

—Hijo, tráeme al de la gran garganta corva que tiene azul la espalda. Tengo apetito de comerlo.

—Así sea, padre.

Lo que pide es garganta de pavo. Lenguaje figurado.

—Hijo, tráeme una muchacha de pantorrilla blanca y ondulante. Aquí le quitaré su vestido hasta la pantorrilla.

—Así sea, padre.

Lo que pide es la jícama. Lo de que le quitará su vestido, es que le arrancará su cáscara.

—Hijo, tráeme una muchacha muy bonita, con la cara muy blanca. La deseo mucho. Aquí, delante de mí, tiraré su falda y su vestido.

—Así sea, padre.

Lo que pide es una pava para comer. Tirar su falda y su vestido es pelarla de sus plumas, cuando se pida para comer. Lenguaje figurado.

—Hijo, tráeme aquí un viejo cuidador de milpa. Tengo deseo de ver su cara.

—Así sea, padre.

He aquí lo que pide: el macal gordo para comer. Esto es lo que significa.

—Hijo mío, tráeme una vieja cuidadora de milpa, negra de todo su cuerpo, cuyo trasero es de siete palmos. Hay deseos de verla.

Lo que pide es el gran fruto de la calabaza. Lenguaje figurado.

Llegará su día.

* * *

Ahora es el día en que Nuestro padre el Gran Verdadero Hombre, que fue pisoteado, está llegando aquí, a esta tierra de Yucalpetén, y va a convocar a los Príncipes para que los Príncipes vengan a convocar a sus pueblos, en nombre de Nuestro padre, el Gran Verdadero Hombre.

—Por ventura, ¿sois Príncipes vosotros?

—Nosotros lo somos, padre —responden ellos.

—Hijos míos, si sois vosotros Hombres Verdaderos de esta tierra —les dirá— id a coger al Tigre que vuela, y venid a dármelo a comer. Ponedle muy bien puestas sus gargantillas y muy bien puesto su penacho, y venid a dármelo a comer. Id muy deprisa y muy ahora mismo venid. Hijos, tengo mucho apetito de comerlo. Vosotros, hijos míos, vosotros que sois Verdaderos Hombres.

Los que no saben, pobres de su entendimiento y de su vista, ¡ay! nada dicen. El que sabe, alegremente va a buscar al Tigre Volador. Y entonces, viene con él.

—¿Tú eres, hijo mío?

—Yo soy, padre.

—¿Tú eres noble, hijo de nobles, hijo mío?

—Yo lo soy, padre.

—¿Qué es de tus compañeros, hijo mío?

—Padre, están en el monte buscando al tigre. «No hay tigre» —decían— ¡y entonces el tigre estaba pasando por delante de ellos!

He aquí el tigre que le pedía: el caballo del Gobernador, el que quiere comerse al caballo flaco. Las gargantillas son los cascabeles, el penacho es el mantillo rojo, muy bien puesto con la silla, y con el freno. Habla figurada.

Capítulo VI. Los viejos y los nuevos dioses

Es muy preciso hacer entrar en el entendimiento que las piedras que dejó Nuestro padre Dios, las duras maderas, los animales, es lo que habéis adorado. En los primeros tiempos, aquí, entre nosotros, los Hombres de Majestad fueron adorados como verdaderos dioses. Aquellas piedras detuvieron el paso del Verdadero Dios Nuestro padre, Señor del Cielo y de la Tierra. Aunque eran los antiguos dioses, perecederos dioses eran. Ya se acabó el tiempo de su adoración. Fueron desbaratados por la bendición del Señor del Cielo, cuando terminó la redención del mundo, cuando resucitó el Verdadero Dios, cuando bendijo los cielos y la tierra.

¡Se desmoronaron vuestros dioses, hombres mayas! ¡Sin esperanza los adorasteis!

La relación de la historia del mundo, en aquel tiempo, se hacía en pinturas: porque no había llegado el día en que se usaran estos papeles y esta muchedumbre de palabras, para preguntar a los antiguos hombres mayas si sabían cómo nacieron y cómo fundaron su tierra en esta región.

* * *

Dentro del Once Ahau Katún fue cuando salió Ah-Mucen-Cab a vender los ojos de los Trece dioses. No supieron su nombre. Solamente sus hermanas y sus hijos se lo dijeron, y tampoco podían ver su cara. Era el momento en que acababa de despertar la tierra. No sabían lo que iba a suceder.

Y fueron cogidos los Trece dioses por los Nueve dioses. Y llovió fuego, y llovió ceniza y cayeron árboles y piedras. Y vino el golpearse los árboles y las piedras unos contra otras.

Y fueron cogidos los Trece dioses, y fue rota su cabeza y abofeteado su rostro, y fueron escupidos, y se los cargaron a las espaldas. Y fue robada su Serpiente de Vida, con los cascabeles de su cola, y con ella fueron cogidas sus plumas de quetzal. Y cogieron habas molidas junto con su semen y, junto con su corazón, semilla molida de calabaza, y semilla gruesa molida de calabaza, y frijoles molidos. Y El que es eterno, lo envolvió y lo ató todo junto, y se fue al décimotercero piso del cielo.

Y entonces cayeron su piel y las puntas de sus huesos aquí sobre la tierra. Y fue entonces que se escapó su corazón, porque los Trece dioses no querían que se les fuera su corazón y su semilla. Y fueron matados a flechazos los huérfanos, los desamparados y las viudas, que vivían sin fuerza para vivir.

Y fueron enterrados por la orilla de la arena en las olas del mar. Y entonces, en un solo golpe de agua, llegaron las aguas. Y cuando fue robada la Gran Serpiente, se desplomó el firmamento y hundió la tierra. Entonces los Cuatro dioses, los Cuatro Bacab, lo nivelaron todo. En el momento en que acabó la nivelación, se afirmaron en sus lugares para ordenar a los hombres amarillos.

Y se levantó el Primer Árbol Blanco, en el Norte. Y se levantó el arco del cielo, señal de la destrucción de abajo. Cuando estuvo alzado el Primer Árbol Blanco, se levantó el Primer Árbol Negro, y en él se posó el pájaro de pecho negro. Y se levantó el Primer Árbol Amarillo, y en señal de la destrucción de abajo, se posó el pájaro de pecho amarillo. Y se oyeron los pasos de los hombres amarillos, los de semblante amarillo.

Y se levantó la Gran Madre Ceiba, en medio del mundo, como recuerdo de la destrucción de la tierra. Se asentó derecha y alzó su copa, pidiendo hojas eternas. Y con sus ramas y sus raíces llamaba a su Señor.

Y se levantó Chac-piltec, al Oriente de la tierra. Y llamaba a su Señor. Y se alzó Zac-piltec, al Norte de la tierra. Y llamaba a su Señor. Y se levantó Lahun-Chan, y llamaba a su Señor. Y se alzó Kanpiltec, y llamaba a su Señor. Éstas son las Voluntades de la tierra.

A esa hora, Uuc-Cheknal vino de la Séptima capa del cielo. Cuando bajó, pisé las espaldas de Itzám-Cab-Ain[15] el así llamado. Bajó mientras se limpiaban la tierra y el cielo.

Y caminaban por la cuarta candela, por la cuarta capa de las estrellas. No se había alumbrado la tierra. No había Sol, no había noche, no había Luna. Se despertaron cuando estaba despertando la tierra. Y entonces despertó la tierra, en este momento despertó la tierra. Infinitos escalones de tiempo y siete lunas más se contaron desde que despertó la tierra, y entonces amaneció para ellos.

Se sintió el Reinado del Segundo Tiempo, el Reinado del Tercer Tiempo. Y entonces empezaron a llorar los Trece dioses. Lloraban ante el dios Chacab, que era el que entonces reinaba en su estera roja.

Por ellos se enrojeció el Primer Árbol de la tierra y se enrojeció la inmensidad de la tierra. Grandes pecadores de espíritu eran. No era llegado el día de su poder.

Lo mismo lloraban los Nueve dioses. Y he aquí que llegó el ordenamiento de la medida del tiempo, en la estera roja. Y llegaron los Nueve dioses, los de cabezas puntiagudas y traseros pelados. Se sentaron en su estera. Y entonces fue que bajó la opresión desde el centro del cielo, el poder despótico, los reyes tiranos.

Y entonces se alzó Chac-Edz, el del gesto rojo. Y entonces se alzó el rey del gesto blanco. Y entonces se levantó el del gesto negro. Y entonces se irguió el del gesto amarillo.

15 El Gran Cocodrilo que simboliza la Tierra.

Y entonces se alzó Chactenel Ahau, con su estera y su trono. Y llegó Zactemal, con su estera y su trono. Y se alzó Ek-tenel-Ahau, con su estera y su trono. Y se levantó Kantenel-Ahau, con su estera y su trono. Creían que eran dioses; pero tal vez no eran dioses. No derramaban semillas, ni llovían agua. Pedazo a pedazo decían que se juntaban; pero no decían lo que amaban.

Duro era su semblante. Llegó el tiempo duro y pesadas miserias vinieron bajo su poder. Cuando llegaron a asentarse muy alto en la medida de su tiempo, se avivó el fuego del Sol, y se acercó su cara y quemó la tierra y el ropaje de los reyes. Y esta es la causa de que se llore su reinado.

En el día magnífico de poderío y magnífico de hermosura, en el día en que se entienda el entendimiento de los dioses, se levantará la cosecha y será el tiempo de recoger. Y desaparecerá el «animal malo».

Y cuando levante su árbol Ah Muuc, que es el que sale a su camino, el que sale a sucederle, será el tristísimo tiempo en que sean recogidas las mariposas, y entonces vendrá la infinita amargura.

Esa es la que viene, cuando hayan caído tres lunas, en el tiempo del Tres Ahau Katún, y después de tres porciones de años, encajados dentro del Tres Ahau Katún; cuando vaya a aparecer el otro Katún, el de tres panes, el de tres aguas. Estrecho será su don de vida, y mísero su jugo. Y eso comerá y eso beberá.

Beberá granizo y comerá las desparramadas hojas de la chaya. Eso sucederá aquí, en la Tierra de la Tristeza, padre, dentro del Noveno año, en el tiempo en que estén aquí los extranjeros.

Se pide la carga del Katún, de todos los años del Trece Ahau Katún. Entonces abre sus pies el Once Ahau, entonces baja la palabra del Eterno a la punta de su lengua. Cuando baja, se pregunta la carga del Katún.

Nueve eran sus cargas, cuando bajó del cielo. El día de Kan fue el día en que se amarró su carga. Fue cuando bajó agua venida del cielo, para el segundo nacimiento, de la casa del de los «innumerables años».

Al mismo tiempo bajó Bolon Mayel. Dulce era su boca y la punta de su lengua. Dulces eran sus sesos. Y allí bajaron cuatro Gigantes que en ánforas de barro traían las mieles de las flores.

De ellas salieron: la del hondo cáliz rojo, la del hondo cáliz blanco, la del hondo cáliz negro, la del hondo cáliz amarillo. Y la que es ancha y la que es desviada. Y al mismo tiempo, salió la flor que es regada y la que es agujereada; y la flor ondulada del cacao y la que nunca es chupada, y la flor del espíritu de color, y la que siempre es flor, y la que tiene el tallo cojo. Estas flores que salieron, eran las Comayeles, las madres de las flores.

Y salieron olorosos sacerdotes, olorosos reyes, olorosos jefes de guerreros, servidores del dios de la Flor. Cuando éste bajó, no tenía semejante. «Miradle —decían— no se derrama lo que es su carga.»

Y entonces salió «la flor que es efímera» y metió el pecado de los Nueve dioses. El tercer año es el tiempo en que se dice que sucedió, cuando no había llegado a ser creado el dios del infierno.

Y bajó Pizlimtec, el de los huesos verdes, al pie de la flor, y el que es Eterno lo transformó en colibrí. Y entonces chupó la miel de la flor, de la flor de los nueve pétalos, hasta lo más adentro de ella. Y entonces tomó por esposa a la flor vacía, y salió el espíritu de la flor a vagar. Cuando se abrió el cáliz de esta flor, el Sol estaba dentro, y en medio de ella se leía Su nombre. Y sucedió que suspiraron llenos de deseo los Trece dioses. No sabían que así bajaba el pecado a su estera; eran dioses a su entender. Sucedió que de flores fue su estera, de flores su silla, y flores hubo en sus cabellos. Envidioso su asiento, envidioso su caminar, envidioso su plato, envidioso su vaso, envidioso su corazón, envidioso su entendimiento, envidioso su pensamiento, envidiosa su boca, robado el tiempo de su señorío.

En el tiempo en que esté en pie, en el tiempo en que tenga fuerza su adoración en los labios de su boca, lo que coma detrás de la palma de su mano, la sustancia que muerda, no será palo ni será piedra. Rojo despojo habrá en sus diez muelas.

Llegará con su cara de pecado, con su hablar de pecado, con su enseñanza de pecado, con su entendimiento pecador. Y pecado será su caminar. Llegará con los ojos vendados y enrojecerá su estera. Durante su poderío, se olvidará de su padre, se olvidará de su madre que lo dio a luz. Ardiendo su corazón, solo entre los huérfanos agraviador de su padre, en medio de los que no tienen casa, ha de caminar, borracho su semblante, perdido su entendimiento, al lugar de su padre, al lugar de su madre. No tiene bondad, no hay bien en su corazón; solamente un poco hay en la punta de su lengua. No sabe cómo ha de acabar, no sabe lo que hay al fin de su reinado, ni lo que va a terminar con el tiempo de su poder.

* * *

Estos Nueve dioses se manifestarán en nueve rostros de Hombres-reyes, de estera del Segundo Tiempo, de trono del Segundo Tiempo, venidos dentro del Tres Ahau Katún.

Habrá un nuevo Señor de esta tierra. Dolorosamente se afirmará el curso del Katún que viene, cuando acabe el tiempo del Tres Ahau Katún, el tiempo en que los hijos serán vendidos, el que estará encima del orgullo de los Itzaes.

Un tiempo abrasador, después un tiempo de frescura. El largo de una Piedra, es el castigo del pecado de orgullo de los Itzaes. Los Nueve dioses acabarán el curso del Tres Ahau Katún. Y entonces será entendido el entendimiento de los dioses de la tierra. Cuando haya acabado el Katún, se verá aparecer el linaje de los nobles Príncipes, y a nuevos hombres sabios y a los descendientes de los Príncipes cuyos rostros fueron estrujados contra el suelo, los que fueron insultados por el rabioso de su tiempo, por los locos de su Katún, por el hijo del mal que los llamó «hijos de la pereza»; los que nacieron cuando despertó la tierra, dentro del Tres Ahau Katún.

Así acabarán su poder aquellos para quienes Dios tiene dos caras.

* * *

He aquí que cuando vaya a acabar el tiempo de este Katún, entonces Dios hará que suceda otra vez el diluvio y la destrucción de la tierra. Y cuando haya terminado, entonces bajará Nuestro padre Jesucristo, sobre el valle de Josafat, al lado de la ciudad de Jerusalén, donde un tiempo nos redimió su santa sangre. Allí bajará sobre una gran nube, para dar testimonio de que verdaderamente pasó el martirio en el árbol de la Cruz, hace tiempo. Allí entonces bajará en gran poder y en gran majestad, el verdadero Dios, el que creó el cielo y la tierra y todas las cosas del mundo. Allí bajará a medir por igual lo bueno y lo malo del mundo. ¡Y humillados serán los soberbios!

Dominus vobiscum[16] decían todos cantando allí donde no había cielos ni tierra.

Del abismo nació la tierra, cuando no había cielos ni tierra.

El que es la Divinidad y el Poder labró la gran Piedra de la Gracia, allí donde antiguamente no había cielo.

Y de allí nacieron Siete piedras sagradas, Siete Guerreros suspendidos en el espíritu del viento, Siete llamas elegidas.

Y se movieron. Y siete fueron sus gracias también, y siete sus santos.

Y sucedió que incontables gracias nacieron de una piedra de gracia. Y fue la inmensidad de las noches, allí donde antiguamente no había Dios, porque no habían recibido a su Dios, que solo por sí mismo estaba dentro de la Gracia, dentro de las tinieblas, allí donde no había cielos ni tierra.

Y fue formado al fin un Guerrero, cuando no había nacido el Primer Guerrero, y tenía los cabellos en guedejas.

Aden ti parami. Y fue su divinidad. Y entonces salió y se hizo varón en la segunda infinita Piedra de Gracia. Alpinon es el nombre de su ángel.

Cuando hubo nacido, salió y pidió su Segunda Gracia, en la segunda inmensidad de la noche, donde antes nadie había. Y recibió su divinidad él solo por sí mismo.

Y cuando vino a salir, «afirmar» dulcemente dijo. Y recibió su divinidad él solo por sí mismo. Y salió y fue a la tercera infinita Piedra de Gracia. Albacongel es el nombre de su ángel, el de la tercera gracia.

Fue a la cuarta infinita Piedra de Gracia, en la cuarta noche. Atea Ohe es el nombre de su ángel. Naciendo, quiso su cuarta Gracia, y empezó a decirse solo en sí mismo:

---

16 Los «latines» más o menos alterados que se incorporaron al texto original acusan la influencia cristiana posterior.

—«Ah, Dios Poderoso, yo no soy nadie, pues, por mí mismo» —así decía en su esencia, en su divinidad.

«Me voy», suavemente dijo.

Y fue a la quinta infinita Piedra de Gracia, en la quinta infinita noche. Cuando hubo nacido el Quinto Guerrero quiso su Quinta Gracia. Y se levantaron las palabras de su divinidad y nació su ángel. Decipto es su nombre.

Y dijo:

—«Me voy. Yo soy, pues. Soy Dios, pues. Soy poderoso, pues» —así hablaba por sí misma su divinidad—. «Aninite dei sin» —decía cuando recibió su divinidad por sí mismo.

Y fue a la sexta infinita Piedra de Gracia, en la sexta medida de la noche, el Sexto Guerrero.

—«¡Dioses poderosos, contestad a mi voz. Nadie hay en mi soledad!»

Cuando hubo nacido, quiso su Séptima Gracia. Conlamil es el nombre de su ángel.

—«¡Yo os adoro, dioses, contestad a mi voz! No hay nadie. ¡Nadie contesta a mi voz!» —así suavemente hablaba y decía, mientras nacía su Séptima Gracia.

Contento nació el séptimo Guerrero. Siete veces se alumbraron las siete medidas de la noche, siete veces infinitas.

«Abiento bocayento de la Zipilna de fente note sustina gracia. Trece mili y no cargo bende.» Primera, segunda, tercera, tres veces cuatrocientas épocas, miles de épocas y despertó la tierra de Dios el Verbo, él solo por sí mismo.

Del fondo de la gran Piedra de la Gracia, despertó la tierra de Dios el Verbo. Su nombre es Unidad con Dios el Verbo.

Este su nombre, que hiende las épocas, es: el Eterno, el de un sola Edad, el Muy Alto. Y vino su Descendiente de Siete Generaciones. Y cuatro veces resonó su Gran Palabra, sello de la noche, sello del cielo: «Yo soy el principio, yo seré el fin».

He aquí el entendimiento oculto de su palabra, datate, aquí recibido en esta tierra: Yo soy Unidate, yo soy Unitata, yo soy su sonido. Yo soy Unitata. «A nuni viene Unidad.»

Nilu es el nombre de la noche. Es la primera palabra de Dios, es la primera palabra del Verbo. Así, machacó la piedra, solo por sí mismo, dentro de la noche.

Tomás Sipancas es el nombre del Espíritu cuyo Señor es el Primer Guerrero. Ota-ho en el cielo. Arcángel es el nombre del Espíritu. Heronix es el nombre del Espíritu. Xicluto va delante y es el nombre del Espíritu. Virtutus es el nombre del Espíritu. Joramis es el nombre del Espíritu del Segundo Guerrero. He aquí que dijo cuando se abrió la Piedra: «Jaxyonlacalpa». Escondió su nombre. En el santo cielo dijo Nuestro Santo padre el Verbo: Bolay es su nombre. Y conoció el segundo cielo, en donde está el polvo de los pies de la Sustina Gracia.

Allí se forma la Sabiduría, golpeando la piedra dentro de la oscuridad.

Y fue creada la Piedra que fundó las piedras, las Tres Piedras que fueron a asentarse a los pies de la Sustina Gracia. Las piedras que nacieron estaban debajo de la Primera Piedra. Y eran hermanas iguales.

Entró entonces Chac, el Gigante, por la grieta de la Piedra. Gigantes fueron entonces todos, en un solo pueblo, los de todas las tierras. Y el Primer rey fue Dios.

En la época Primera, fue creado el único hijo de Dios. En la Segunda, el Verbo. En la Tercera época, Expleo, éste es su nombre en su cielo.

Y nació Chac, el Gigante, que Opilla es su nombre, al mismo tiempo que su cielo, que empileo, cielo, es su nombre.

Expleo es su nombre, dentro del primer Libro de Dios. Hebones. El único Hijo de Dios, se coloca como espejo en el hombro de su padre, en la piedra de su padre.

Cuando fue a crear el cielo del cielo, se abrió una Gracia y una Piedra. Nacido era el Fuego. Tixitate es su nombre, la luz del cielo. Que Sustinal es la luz de la luz del cielo. Acpa. Porque el Guerrero creó la luz dentro del cielo. Alpa u manga es su nombre. Y se acabó.

* * *

Los ángeles, los Espíritus se alzaron mientras eran creadas las estrellas. No se había alumbrado la tierra, no había cielo ni tierra. Eran:

El Pauah rojo.

El Pauah blanco.

El Pauah negro.

El Pauah amarillo.

Entonces en el Primer cielo, Dios el Verbo tenía sujeta su Piedra, tenía sujeta su Serpiente, tenía sujeta su Sustancia. Allí estaban suspendidos sus ángeles. El Espíritu nombrado Corpinus, y he aquí, debajo, Orele, a la altura de la tierra. Tres Personas eran: El Dios Verbo, el Dios Hijo, el Dios Espíritu Santo.

En ese tiempo los planetas, eran: Saturno, Júpiter, Marte y Venus; esos se dice que tenía en su mano el Dios en el cielo; antiguamente los creó. He aquí el nombre del cielo: Cristalino. Este ángel, que Corpinus es su nombre, extendía la bendición del padre, allí donde no había cielo ni tierra, Inpicco es su nombre. Rociaba a todos los ángeles. Baloyo es su nombre. Cacauecan —sexos— es su nombre. Et sepeuos es su nombre. Laus Deo.

Abajo Chac-Bolay-Balam y Cacau Balamté. Esperas es su nombre en la sexta capa de cielo, Isperas es su nombre en la séptima capa del cielo. Fue creado sobre la tierra por Dios Poderoso. En la séptima época nació dentro de la noche. Espíritu es su nombre.

Sto. Eden Deus, Sto. Eluseo, Santos. Él vio nacer el centro de la Piedra, el centro de la noche. Se repite.

Ardió entonces. Entri de noche. Fue lo que dijo: cuando habló al centro de la Piedra, al centro de la noche.

—Tronas aleseyo de Mundo de gracia en apedia leyo zipidiate en picted gracia Sto. Esuleptun Jaan estunast gracia suplilis eltimeo me firme abin Finites gracia y metis absolutum timetis de gracia Eden Deo gracia de Fentis de gracia Fenoplis tun gracia locom dar y me gracia, tretris un mis gracia. Nositusi de gracia in pricio de gracia. Tresimili uno de cargo leonte.

Uno, dos, tres, un montón, trece veces cuatrocientos, Katunes infinitos antes de que despertara la tierra, fue creado el centro de la Piedra, el centro de la noche, allí donde no había cielo ni tierra, cuando fue dicho por Dios el Verbo, solo por sí mismo, en la Profunda Noche.

Sonó la primera Palabra de Dios, allí donde no había cielo ni tierra. Y se desprendió de su Piedra y cayó al segundo tiempo y declaró su divinidad. Y se estremeció toda la inmensidad de lo eterno. Y su palabra fue una medida de gracia, un destello de gracia y quebró y horadó la espalda de las montañas. ¿Quién nació cuando bajó? Gran padre, tú lo sabes.

Nació su Primer Principio y quebró y barrenó la espalda de las montañas.

—¿Quiénes nacieron allí? ¿Quiénes?

—Padre, tú lo sabes. Nació el que es tierno en el cielo.

Ciripacte horca mundo ni nompan est noche amanena omonena Apaopa. Salió el Espíritu de la infinita Gracia.

—Zipiones ted coruna Pater Profecida Hablará cuando llegue a la Séptima gracia, la Virgen Piedra de la Gracia. Baltepiones ortezipio Reciquenta noche hun ebutate hun cute Profeciado. Sucedió que fue llamado el ángel Jerupite y le fueron dados en el cielo Corporales de ojales por el primer Papa.

Imagen ausente

Los nombres y símbolos de Dios

Capítulo VII. El Katún trece Ahau

Esta es la cara del Katún, la cara del Katún, del Trece Ahau:
Se quebrará el rostro del Sol. Caerá rompiéndose sobre los
dioses de ahora. Desaparecerán los gobiernos. Cinco días
será mordido el Sol y será visto. Esta es la representación del
Trece Ahau.

Señal que da Dios es que sucederá que muera el rey de esta
tierra. Así también que vendrán los antiguos reyes a pelear
unos contra otros, cuando vayan a entrar los cristianos a esta
tierra. Así dará señal Nuestro padre Dios

Este es el nombre de Dios cuando vino a existir en sus Personas. Cuando ya estaban creados el mundo y la tierra, éste fue su nombre: SOSUÉ (Jesús). Su segundo. El otro nombre de sus tres partes es TRES ROSTROS, TRES VECES.

MESISTER

Latín, entonces:
DEI, Romance

El PAUAH rojo
Ut corosis

EL PAUAH blanco
Corocalbo

EL PAUAH negro
Colrusi provento

EL PAUAH amarillo
Moses

MESIAS es el nombre de Dios, cuando no había creado el cielo y la tierra. Este Mesías, Jesucristo es su nombre. Entonces creó a los Ángeles. Pero fue' visible a D ios y que iban a pecar los Angeles y los castigó revocando lo hecho.

Novis-Nova
El otro nombre de Dios es MANUEL.
Dio su nombre, su tercer nombre. Este es JERE-MÍAS, su nombre, allí donde no hay cielo ni tierra.

de que vendrán, porque no hay concordia, porque ha pasado mucho la miseria a los hijos de los hijos.

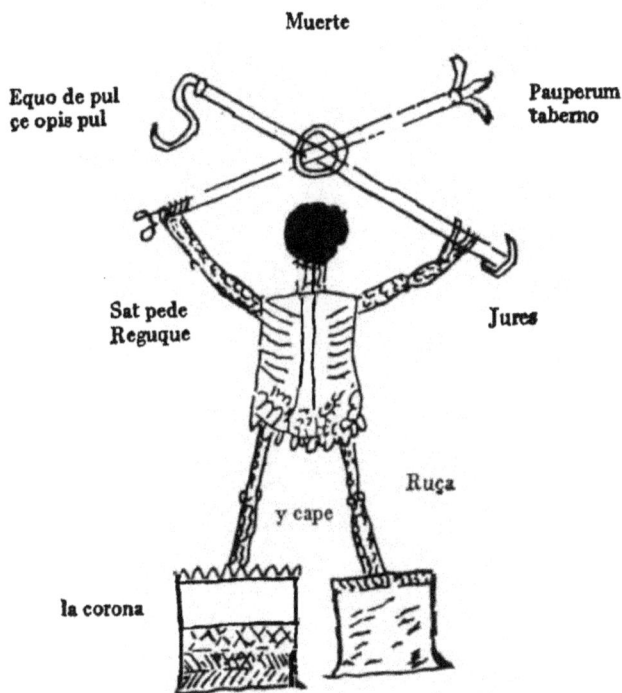

La muerte reina sobre todo

Nos cristianizaron, pero nos hacen pasar de unos a otros como animales. Y Dios está ofendido de los Chupadores. Miliquinientos treinta y nueve años, así: 1539 años.

Al Oriente está la puerta de la casa de don Juan Montejo, el que metió el cristianismo en esta tierra de Yucalpetén, Yucatán.

Chilam Balam, profeta.

Capítulo VIII. Canto triste de los Itzaes

Damaceno. Este es el nombre de la llanura en que fue formado el Primer padre Adán, por Dios. Este es su nombre, su primer nombre: Adán. Y le entró su alma y habitó el Paraíso. Nacido Adán, nació la Primera Madre, Eva, la primera mujer, la madre de todo el mundo. Fue de pronto, como una gota escurrida de Adán. Y nació.

Allí donde no había cielo antiguamente, he aquí que la Palabra nació por sí misma, dentro de lo oscuro. He aquí que las piedras fueron creadas de una sola vez y fueron las montañas. Y esta tierra, la que fue cogida para labrar a Adán, también. Por eso él es su hijo. Y entraron al Lugar de los Gemidos. Así lo llamaron cuando fueron labrados, aquellos que fueron el primer tronco de los hombres.

Dios el Verbo, Dios Hijo, y Dios Espíritu Santo, son el Dios de toda la tierra. Ellos crearon la Piedra Preciosa que se desprendió de la tempestad, con el velo de la gracia. El Verbo es su nombre: Josus tin gracia.

He aquí que al mismo tiempo nació de su Piedra el Espíritu de las estrellas; berbuntuorom es su nombre. El hijo natural de la Piedra, el hijo natural de la Tierra, tomó entonces a la Señora de la Tierra y fue a sentarse al altísimo cielo, a lo más alto del cielo.

Un gran resplandor llegó hasta abajo desde el Espíritu de la Sustinal gracia.

* * *

Trece veces ocho mil Katunes había estado reposando en su Piedra, cuando se movió la Semilla del Señor Hunacceel.

Aunque no eran lo mismo que el Sol, de la joya del Pecho del Sol bajó la casta de los hombres buenos. «Mis ropas, mis vestidos», hubieran dicho los dioses.

Así, pues, lo sabéis, y lo dice cualquiera. A la tierra suave de la Orilla del Pozo llegaron conquistando, al golpe de la guerra.

—Estaban en Chichén los Itzaes... los herejes ¿Vinieron o estaban?

Uno Imix, el día que alcanzaron el cielo, fue el rey al Poniente del Pozo, en donde está abierto el templo. El Uno Imix es el día en que se dice en Chichén de los Itzaes: «¿Llegaron o estaban?».

«¡Oculto es, oculto es!» —dicen gritando—. «¡Oculto es, oculto es! ¡Lo saben las almas de los muertos!»

Con trabajoso clamor gritan las almas de los muertos, solitarias en el día que es el primero. Resplandeciente día fue, y otra vez fue de noche, cuando vinieron.

—¡Estaban, estaban, estaban! ¿Llegaron o estaban?

¿Hay alguien por ventura que esté despierto?

Fuertemente dicen otra vez, en tres gemidos: ¡Estaban!

—¡En el día de Dios, aquí eran ya moradores, eran ya pobladores!

Se les oía así.

—¡No fue que llegaron a Chichén los Itzaes!

—¿Llegaron o estaban? ¡Los herejes!

Gimen así tres veces, en su día.

—¿Soy alguien yo? —dice en su espíritu el hombre.

—¿Soy éste que soy?

—¿Soy acaso un niño que llora? —dice en medio de la tierra.

Para que lo entendáis. Dicen que fui creado de noche. ¿Nosotros acaso nacimos? Se ha dicho que somos como animales domésticos para Miscit-Ahau.

Va llegando el final. ¿Quién es éste a quien amargué con mi canción? «¿Llegaron o estaban?»

—Dicen que estoy muerto. Lo dijo el sacerdote del pueblo. Dicen que estoy escondido. Lo dijo «el que pierde al pueblo». Lo creyó en su deseo, lo creyó en su corazón. Porque «el que pierde al pueblo», el sabio, al punto se aflige con mi canción.

—«Estaban... ¿Llegaron o estaban?»

Este Canto todo es cumplida alabanza del Señor Dios.

Capítulo IX. El nacimiento del uinal

Así explicó el antiguo sabio Mexchise, el antiguo Gran profeta, Napuc tun, Gran sacerdote solar y así cantó que, cuando no había despertado el mundo antiguamente, nació el Mes y empezó a caminar solo.

Y dijo su abuela materna, y dijo su tía, hermana de su madre, y dijo la madre de su padre, y dijo su cuñada:

—«¿Por qué se dijo que íbamos a ver gente en el camino?»

Así decían mientras caminaban. Era que no había gentes antiguamente.

Y entonces llegaron al Oriente. Y dijeron:

—«Alguien ha pasado por aquí. He allí las huellas de sus pies.»

«Mide tu pie», dicen que dijo la Señora de la Tierra. Y que fue y midió su pie Dios el Verbo. Éste es el origen de que se diga Xoc-lah-Cab, oc-lae, la-Ca-oc. Este dicho se inventó porque Oxlahun-oc (el de los trece pies), sucedió que emparejó sus pies.

Y partieron del Oriente. Y se dijo el nombre de los días, que todavía no tenían nombre, antiguamente.

Y caminó con la madre de su madre, y con su tía, hermana de su madre, y con la madre de su padre, y con su cuñada.

Nacido el Mes, nació también el nombre del día, y creó el cielo y la tierra, escalonadamente: agua, tierra, piedras y árboles.

Y creó las cosas del mar y de la tierra.

En el Uno Chuen sacó de sí mismo su divinidad e hizo el cielo y la tierra.

En el Dos Eb hizo la primera escalera, para que Dios bajara en medio del cielo y en medio del agua. No había tierra, ni piedras, ni árboles.

En el Tres Ben hizo todas las cosas, la muchedumbre de las cosas; las cosas de los cielos y las cosas del mar y de la tierra.

En el Cuatro Ix sucedió que se inclinaron uno sobre el otro el cielo y la tierra.

En el Cinco Men sucedió que empezó a trabajar todo.

En el Seis Cib sucedió que se hizo la primera luz donde no había Sol ni Luna.

En el Siete Cabán nació la primera tierra, allí donde no la había para nosotros antiguamente.

En el Ocho Edznab afirmó sus manos y sus pies y los clavó sobre la tierra.

En el Nueve Cauac se ensayó por primera vez el inframundo.

En el Diez Ahau sucedió que se fueron los hombres malos al infierno, porque todavía no se veía a Dios el Verbo.

En el Once Ix (Imix) sucedió que hizo las piedras y los árboles. Eso hizo dentro del Sol.

En el día Doce Ik sucedió que creó el viento. Y ésta es la causa de que se llame Ik (espíritu); porque no hay muerte dentro de él.

En el Trece Akbal sucedió que tomó agua y humedeció la tierra y labró el cuerpo del hombre.

En el Uno Kan sucedió que se rompió su ánimo por lo malo que había creado.

En el Dos Chicchan sucedió que apareció lo malo y se vio dentro de los ojos de la gente.

En el Tres Cimil fue la invención de la muerte. Sucedió que inventó la primera muerte Dios Nuestro padre.

(Aquí hay un espacio en blanco que correspondería al Cuatro Man-Ik, «el día en que pasa el espíritu».)

En el Cinco Lamat inventó el gran sumidero de la gran laguna del mar.

En el Seis Muluc sucedió que fueron llenados de tierra todos los valles, cuando no había despertado la tierra. Y sucedió que entró la palabra falsa de Nuestro padre Dios en todos ellos, cuando no había voz del cielo, ni había piedras ni árboles, antiguamente.

Y entonces fueron a probarse unos a otros (los días). Y dijeron así:

«Trece... Y siete en un grupo.»

Esto dijeron para que saliera su palabra donde no la había, cuando el Primer Dios, el Sol, les preguntara su origen. No se les había abierto el instrumento de su voz para que pudieran hablarse unos a otros. Y se fueron en medio del cielo y se tomaron de las manos para unirse unos con otros. Y entonces se dijo en medio de la tierra: «¡Sean abiertos!». Y se abrieron los Cuatro Ah-Toc, que son cuatro.

Cuatro	Chic-chan	Ah-Toc.
Cuatro	Oc	Ah-Toc.
Cuatro	Men	Ah-Toc.
Cuatro	Ahau	Ah-Toc.

Los *Ahau* son *Cuatro*

Ocho	*Muluc*
Nueve	*Oc*
Diez	*Chuen*
Once	*Eb*
Doce	*Men*
Cinco	*Cauac*
Seis	*Ahau*
Siete	*Imix*
Ocho	Ik
Nueve	*Akbal*
Trece	*Ix*

Uno	Men-(Ben)
Dos	Cib
Tres	Aban
Cuatro	Edznab
Diez	Kan
Once	Chichan
Doce	Cimi
Trece	Manik
Uno	Lamat

Con ellos nació el Mes, cuando despertó la tierra, y cuando fueron creados el cielo y la tierra, y los árboles y las piedras. Todo fue creado por Nuestro padre Dios, y por su Palabra; allí donde no había cielos ni tierra estaba su Divinidad, que se hizo una nube sola por sí misma, y creó el universo. Y estremeció los cielos su divino y grande poder y majestad.

La relación de los días, día por día, debe leerse empezando por el Oriente, según el orden en que está.

Capítulo X. Sucesos en un Katún diez Ahau

El nombre del año en que llegaron los Dzules: De 1519 así: 1519. Este año era cuando llegaron los Dzules, aquí hasta la tierra de nosotros, los Itzaes; aquí a la tierra de Yucalpetén, Yucatán, que decían Mayá los Itzaes.

Así lo dijo el primer Adelantado don Juan de Montejo, porque así le había sido dicho por don Lorenzo Chablé, quien, cuando la llegada de este conquistador a Tixkokob, recibió a los Dzules con toda la voluntad de su corazón. Y el origen de que le diera por nombre don Lorenzo Chablé, fue porque dio de comer carne asada a los Dzules y a todos los capitanes. Tuvo un hijo que se llamó don Martín Chablé.

Ese era el año que caminaba cuando empezaron a prepararse los Dzules para conquistar aquí, a Yucalpetén. Lo supo el sacerdote y profeta nombrado Ah Xupán. Nos entró el cristianismo en 1519 años. Se fundó la Iglesia de Hoó (Mérida) en 1540 años. Se concluyó la Iglesia de Hoó en 1599 años. Hubo vómito de sangre y empezamos a morirnos en 1648 años. Hubo hambre los cinco años, de 1650, 1651, 1652, 1653 y 1654 años. Cuando se acabó el hambre, hubo una gran tempestad. En ella murió el padre Agustín Gómez. En 1661 hubo grandes sequías. En 1669 «fuego santo» (viruela). En 1692 años, llegó el Diez Katún, empezó el Nicté Katún (el Katún de la Flor).

* * *

Hace tres meses que está presente, padre. Es el retoño ruin del Yaxum. Después tendrá dura la pezuña; después tendrá nueve cerros, padre, el ruin retoño del Yaxum. No van a entender que fue creado en el Sol, en presencia de los dioses. En el duodécimo año se dirá su nombre. Míralo. De tigre es su cabeza, de un palmo son sus dientes, raquítico es su cuerpo, de perro es su cuerpo. Atravesado de dolor tiene el corazón; y bien come y bien bebe.

Tal vez no habla ni oye.

Será mentirosa su palabra. De ningún modo se descubre.

La hermandad de los esclavos de la tierra desaparecerá de estos lugares. Va a ser envuelta en redes la hermandad de los esclavos de la tierra, y los hijos de sus hijos, muchachos impúberes, árboles de la tierra de mañana.

Someteos, vosotros, hermanos, vosotros, hermanitos, y sufrid la carga del Katún, que viene. Si no la sufrís, se encogerán vuestras piernas y os cambiarán por otros. Si no la sufrís, roeréis los troncos de los árboles y las hierbas. Si no la sufrís, como hormigas entrarán los venados a vuestros pueblos y entrará el Enemigo, que regresará adentro de vuestros pueblos, adonde no es su lugar, y entrará a las casas la tiña y será el tiempo de la muerte repentina de los animales.

Llegó a su estera; un pecado es su voz, un pecado su enseñanza: Es el Katún del pecado. Muy recortado es el pan del Nicté Katún que es el que llegó con infinitos dolores en su estera, cachorro chupador, lleno de pecado de adulterio.

En él viene la Bula. En seis partes se dividió. Tres veces ha de pasar la Bula. Cuando vaya a llegar el juez de la Bula, si «el del bastón de plata» va a ser el juez tal vez va a cambiar velas de cera blanca. Y por estas velas blancas, bajará la justicia venida del cielo, y subirán los hombres cristianos ante el rostro de la justicia, que hará temblar el cielo y la tierra. Dolorosamente va a acabar el Nicté Katún. Acaso nadie haya llegado a hablar siquiera, cuando sea colgado de la nuca en el palo de las horcas, que entonces habrán cubierto toda esta tierra. ¡Vendido acabará su historia el Nicté Katún!

No es preciso que entreguéis vuestra cabeza al Arzobispo. Cuando vaya a bajar, id a esconderos en los montes. Si os entregáis, iréis «detras» de Jesucristo. Están ahora con los

Cocomes. Cuando vaya a acabar su visita vendrán sus velas y sus flores rociadas. Por esto lo comprenderéis. Y entonces tronará en seco el cielo. Y entonces hablará lo que está escrito sobre las paredes. Y diréis que eso es Dios también. Y tendréis fe en que es Dios. Acaso el hombre sabio que esté delante de vuestros ojos entienda. Y entonces se irá al monte delante de los cristianos, que no entenderán. Y nada más.

Al decimocuarto año de su gobierno, llegará el Hijo, don Antonio Martínez y Saúl. Éstos son sus nombres desde que salió del cielo. Se fue a Tzimentan. Allí está en Tzimentan. Le dijo a una Reina que se casara con él, y a los siete años la recibió en casamiento. Y se le abrió la puerta del oro. En la «casa de aprender el mal» se lo enseñaron. Y entonces inventó barcos. Trece veces cuatrocientos. Y levantó guerra en Habana, la tierra en donde está el que representa al rey, Habana. Y fue dicho al oído del rey por su representante. Tenía (Martínez) un espía detrás de él, desde que fue allí. Y oyó también que iba a ser prendido. Y entonces salió de allí y se fue a Tzimentan. Allí fue alcanzado.

A los tres meses de haber salido llegó el aprehendedor, a Tzimentan. Y allí entonces lo prendió. Y allí él le cortó el habla al aprehendedor, cuando llegó a Tzimentan, diciéndole: «¡Quita de allí, hombre! Hace tres meses que llegué». Y dice: «Hoy hace tres meses que saliste. Tres meses tardaste en llegar. Ya que llegaste, serás encerrado en el calabozo, mientras yo vengo. Yo te sacaré del calabozo. Aunque tú seas Capitán, dos tendré a mis espaldas». Y dice: «¡Acércate, desdichado viejo con ese fusil cargado! ¡Va a arder el mar. Voy a alzar velas!». Y tenía fuego en su mirada.

—«Vas a zarpar con "espuma en el agua", va a oscurecerse el Sol con la lluvia.»

Y se le cayó la lengua. Y entonces se decía el Capitán:

—«Va a ser estrellado contra la tierra también por la tempestad. ¡Entonces puedo sentarme en mi banquillo mientras vienen los mil doscientos barcos! Y se estará diciendo a sí mismo también el rey: "¡Prepárate, señor, ya vienen los franceses!".»

—«Bueno —me dijo— vamos a morirnos porque somos hombres. ¿Por qué se te caen las fuerzas por un hombre como tú? ¡Defiéndete! ¡Voy a darte el justo precio de los barcos!» Con eso se levantó mi lengua.

—«Ardió, ardió el mar; diré que se volcó el firmamento; pero cuando bajé dos barcos estaban a la vista.»

—¿Cómo te llamas? —me dijo:

—Yo soy hereje. Vas a purificarme. Me vas a bautizar. Voy a cambiar mi nombre, el Martínez. «Dios padre, Dios Hijo, Dios Espíritu Santo» es mi nombre.

Y saqué el Libro de las Siete Generaciones para leerlo. Cuando terminé, pasaban ya tres meses. Los Alcaldes, entonces, dijeron que entregara el impuesto de mi vecindad, «un medio hombre».

—«De donde se paga tu vecindad, mi vecindad, la de todos, de allí has de pagar mi vecindad.» «Yo soy recién llegado.» Esto digo. Que bajó la Justicia para que subieran los cristianos a la bienaventuranza. Y se acabará por pedir que le prueben al rey si no saben que salen de dentro de la tierra piedras y de dentro de la tierra árboles y se vuelven hombres para fundar pueblos. No hay tigrillos que muerdan; eso era en el Nueve Ahau Katún.

Cinco años faltan. Detrás de ellos estoy hablando. Llegará el tiempo en que baja el tributo. Cuando lo hayan pagado levantará a sus guerreros el Gran padre. No creais que desperdiciaréis la guerra. Con ella viene la redención del pueblo por Jesucristo, el Guardián de nuestras almas. Así como en la tierra, así recibirá también vuestras almas en su santo cielo, hijos míos, el verdaderos Dios. Amén.

Capítulo XI. Segunda serie de palabras del Suyua Tan

En el Trece Edznab fue la fundación de la tierra. En el Trece Chen, Eb se pusieron los cimientos de la Iglesia mayor, la Casa de aprender en lo oscuro, la Iglesia mayor del cielo. Así fue fundada aquí también. Trece Katunes son su cuenta. De trece fue medida en el cielo; cuatro pies se quitaron. Nueve pies lo que falta por ir hacia arriba. He aquí que fue dos veces edificada desde el suelo. Cuatro medidas de pie tuvo cuando salió del suelo.

Mapa del norte de Yucatán

He aquí a Maní, el tronco del país. Campeche es la punta del ala del país. Calkíni es el tronco del ala del país. Itzmal es lo de en medio del ala del país. Zací, la punta del ala del país. Conkal es la cabeza del país. En medio está la ciudad de Hoó, Iglesia mayor, la casa de todos, la casa del bien, la casa de la noche, que es de Dios padre, Dios Hijo, de Dios Espíritu Santo.

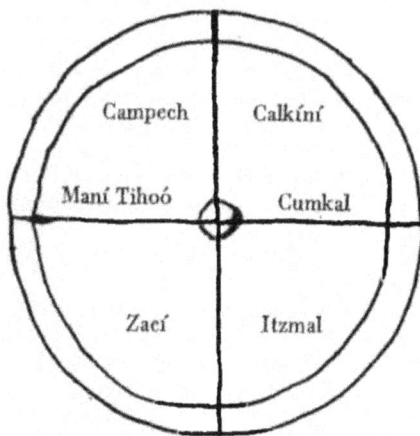

Campech | Calkíní

Maní Tihoó | Cumkal

Zací | Itzmal

—«¿Quién entra a la casa de Dios, padre?»

—Aquel a quien se nombra Kulem (el adorador).

—«¿Cuál es el día en que se pegó al vientre de la Mujer Virgen, padre?»

—El Cuatro Oc se pegó a su vientre.

—«¿Hijo, qué día salió?»

—El Tres Oc salió.

—«¿Qué día murió?»

—El Uno Cimí murió. Y entró a su sepultura.

—«¿Qué entró a su sepultura, padre?»

—Su caja entró a su sepultura.

—«¿Qué entró a su muslo, padre?»

—La piedra roja.

—«Y la piedra de la tierra que entró en el cielo, ¿cómo se llama, padre?»

—La piedra de la Flecha.

—En ese mismo día es que se les pone su pie (a las flechas).

Entró la piedra roja y fue al Oriente. Y vino del Norte y entró la piedra blanca. Y entró la piedra negra al Poniente. Y así también la piedra amarilla al Sur.

* * *

—Hijo, ¿cuáles son los tristes agujeros por donde gritan las cañas?

—Los agujeros de la flauta.

—Hijo, allí donde hay cenote, y son muy profundas sus aguas, no hay piedrecitas en su fondo, y hay un arco a la entrada.

—El templo.

—Hijo, ¿y los grandes casamientos? Por ellos caen las fuerzas del rey, por ellos caían las fuerzas de los Halachuiniques, cuando antiguamente los había, y por ellos caen mis fuerzas también.

—El pan.

—Hijo, ¿has visto las piedras verdosas que son dos y en medio de las cuales hay una cruz alzada?

—Los ojos del hombre.

—Hijo, allí donde hay zorros, hay una huérfana; tiene su collar y tiene su cascabel también.

—El perro sin dueño.

—Hijo, ¿y el grajo brotado, con sus sesos arrollados, en el trasero del perro y con ciruelas secas pegadas?

—La molleja del pavo.

—Hijos, traedme al que tiene lazos anudados y al que tiene los dientes salidos.

—El venado y el topo (tusa).

—Hijos, ¿y la vieja que tiene trasero de siete cuartas, y la muchacha negra?

—La calabaza (dzol).

—Hijos, ved cuál es la muchacha blanca, que tiene apretado hasta reventarlo el vestido, la que vende pedernales blancos.

—La calabaza de semillas gruesas.

—Hijo, tráeme dos animales amarillos, uno guisado y el otro con la cabeza cortada para beber su sangre.

—El venado amarillo y la jícara en que hay chocolate.

—Hijos, haced llegar aquí veinte piedras «cargadoras», labradas, y dos casados.

—Codornices y tórtolas.

—Hijos, traedme una cosa torcida en tres ramales.

—La iguana.

—Hijos, traedme un buen remedio del pecado para verlo aquí.

—El maguey.

—Hijos, id a traerme aquí la tapa de la entrada del cielo y su escalera, de nueve escalones, todos de miel.

—El pan real.

—Hijo, ¿has visto al viejo del gran comal? Muy grande es su papada. Flojamente viene por el suelo.

—El pavo.

—Hijos, traedme unos viejos cuidadores de milpas. Que en un solo moño traiga él atados los vellos de su pubis con los de su mujer; del lodo de la lluvia traedlos aquí, con muchachas guardadoras de milpa. Yo voy a blanquear a las muchachas, y voy a quitarles los vestidos de encima y me las voy a comer.

—Las jícamas.

—Hijos, traedme a los viejos bailarines para que me diviertan; acaso no bailen mal. Yo los veré.

—Los pavos.

—Hijo, ¿y el papagayo que tira su ropa y tira su camisa y su capa y su sombrero y sus zapatos? Hijo, por donde tú estabas pasó. Acaso por allí pasaste; por la alta piedra que va inclinada hasta la entrada del cielo, y que está en la puerta de la muralla. Cuando pasaste por allí, ¿viste unos hombres que venían mancornados delante de ti? Allí hay una gran fiesta con el venerable Ah Kulel.

—La pupila de los ojos y la pareja de los dos ojos.

—Hijo, ¿viste amarrarse el agua de Dios? Pasó debajo del bien de Dios y entró debajo del bien de Dios, allí donde está la cruz de la llanura. Por la redondez del cielo pasa el agua de Dios. Hijo, por donde pasa el agua de Dios, salen árboles estériles.

—Padre, la cabeza del hombre. Y la bebida del hombre loco, que pasa por su garganta y sale por su trasero.

—Hijo, ¿a quién viste hace un rato por el camino, hijo, por donde pasaste por delante de tus parientes que atados hacía venir detrás de ti?

—No podía yo esperar a mis parientes. Los espero en el juicio de Dios, cuando yo muera.

—La sombra del cuerpo.

—Hijo, ¿a quién viste en el camino? ¿Viste acaso a unos viejos que tenían a unos muchachos con ellos?

—Padre, esos viejos que vi en el camino estaban junto a mí y no podían dejarme; éstos son: el dedo gordo del pie y los demás dedos.

—Hijo, ¿viste a unas viejas que llevaban en brazos a sus hijastros y a otros muchachos?

—Padre, aquí están junto a mí mientras como; no puedo dejarlos. El pulgar de la mano y los otros dedos.

—Hijo, por donde pasaste hay un río.

—Padre, ese río está conmigo. Es el «camino de mi espalda».

—Hijo, ¿dónde viste un viejo a caballo atravesado en el río?

—Padre, ese viejo está conmigo. «El caballo» es el de mi espalda. Y lo que dicen la hiel, eso es el viejo.

—Hijo, ese viejo que está en tus espaldas y lo que llamas camino, se ve que es cierto y exacto. Hijo, ve a buscar el corazón de la piedra y el hígado de la tierra, para que yo los vea en el día que viene, mañana. Verás un gigante y un corcovado, que así se irán al infierno.

—Aquellos son la liebre y el agutí. Y el Batab y el Ah Kulel; de piedra es el corazón de estos hombres. Y la tapa de la entrada de la garganta del infierno son el camote y la jícama.

—Hijo, ve a coger una mujer con los dientes mojados, que tenga arremolinados los cabellos, muy bonita y doncella. Yo le quitaré su falda y su vestido. Estaré muy contento de verla. Su olor será de tierra y un remolino será su cabeza.

—Ésta es la mazorca tierna del maíz (el elote) hecha pibil (cocida bajo tierra).

—Hijo, ahora ve a coger un viejo y la yerba de delante del mar (de la playa).

—El viejo es la tortuga. La yerba es el cangrejo.

—Hijo, ahora ve a coger las piedras del fondo del monte. Son negras.

—La tortuga chamuscada.

—Hijo, ahora ve a traerme la piedra de la llanura de aquí, que es la codorniz, y los venerables brujos que se hacen dos a sí mismos.

—Éstos son el topo y la liebre. Y el agutí y el jabalí.

—Hijo, ve a buscar el muslo de la tierra.

—La yuca.

—Hijo, ve a buscar el gran bailarín y el gran cantor.

—El pavo montés y el pavo doméstico.

—Hijo, preséntame a tu hija. Al amanecer de mañana la veré.

Primero vendrá un poco; después vendrá lo mucho. Y que el retoño del monte se ate bien el ceñidor de su cabeza. Allí tendrá su «rebozo». Yo le quitaré su rebozo. Y el Ah Kulel estará detrás. Hijo, entonces ve a coger un botón de flor que dé su perfume en el día de mañana.

—El maíz tostado con miel.

—Hijo, desde aquí he oído noticias de que tienes en tu casa muchas roscas de la cueva. Rízalas para verlas aquí a la hora de comer.

—El huevo frito.

* * *

Gana y se lleva contento entonces la piedra roja que ha soñado. Jugo del cielo, rocío del cielo ha soñado.

* * *

—Sueña que tú coges, hasta el día en que seas cogido de la tierra. Sueño es el rocío del cielo, el jugo del cielo; la flor amarilla del cielo es sueño. ¿Por ventura yo te he tomado tu

94

tiempo, te he tomado tu sustento? ¡Basta! ¡Mejor fuera que te hubiese tomado tu piedra! Yo te he cogido detenido en tu distracción, para que agradezcas la virtud de tu amanecer. Cuando a él fuiste enviado, cogiste palabra de lo oculto. Yo te cogí y te contuve, hasta hoy que dejo que sea oída tu virtud por tu Señor. Espera de él que hable la piedra que dejé resbalar en tu boca, la sagrada piedra preciosa.

* * *

—El que vaya a seguir adelante en la explicación de los Ahaues, que han sido tratados aquí, que vaya a estudiar para que entienda.

Capítulo XII. La rueda de los Katunes

El Once Ahau se asienta el Katún en Ichcaansihó. Yaxhaal Chac es su rostro. Bajan hojas del cielo, bajan perfumes del cielo. Suenan las músicas, suenan las sonajas del de los Nueve Pies. En un día en que habrá los primeros pavos de monte, el día en que aparecerá la Serpiente Mojada (Zulum Chan), en el día de Chakan-putún, se comerán árboles, se comerán piedras; se habrá perdido el sustento, dentro del Once Ahau Katún.

* * *

Con siete tiempos de abundancia se asienta el Katún, el Cuatro Ahau Katún, en Chichén. Siete tiempos de abundancia son el asiento del Gran Derramador de agua. Tapado está su rostro y cerrados sus ojos bajo sus lluvias, sobre su maíz abundantemente esparcido. Llenos de hartura están su estera y su trono. Y se derrama su carga. Habrá un día en que esté blanco su ropaje y blanca su cintura, y sea aplastado por el chorro del pan del Katún.

—Llegarán plumajes, llegarán pájaros verdes, llegarán fardos, llegarán tordos cantores, llegarán tapires; se cubrirá de tributo Chichén.

* * *

No Zaquí, sino Mayapán es el asiento del Katún, del Dos Ahau Katún. Cuando se haya asentado el Katún, bajarán cuerdas, bajará la ponzoña de la peste. Tres cerros de calaveras harán una rueda blanca a su cuerpo cuando venga con su carga atada. Ahogándose cogerá en su lecho un soplo de viento. Tres veces dejará caer su pan. Mediana hambre, mediano pan. Ésta es la carga del Dos Ahau Katún.

Kinchil Cobá es el asiento del Katún, del Trece Ahau Katún.

—El dios maya Itzám dará su rostro a su reinado. Se le sentirá tres veces en tres años, y cuando se cierre la décima generación. Semejantes a las de la palmera serán sus hojas. Semejante al de la palmera será su olor. Su cielo estará cargado de rayos. Sin lluvias chorrerá el pan del Katún, del Trece Ahau Katún. Multitud de lunares son la carga del Katún. Se perderán los hombres y se perderán los dioses.

—Cinco días será mordido el Sol, y será visto. Ésta es la carga del Trece Ahau Katún.

Texto de la rueda de los Katunes

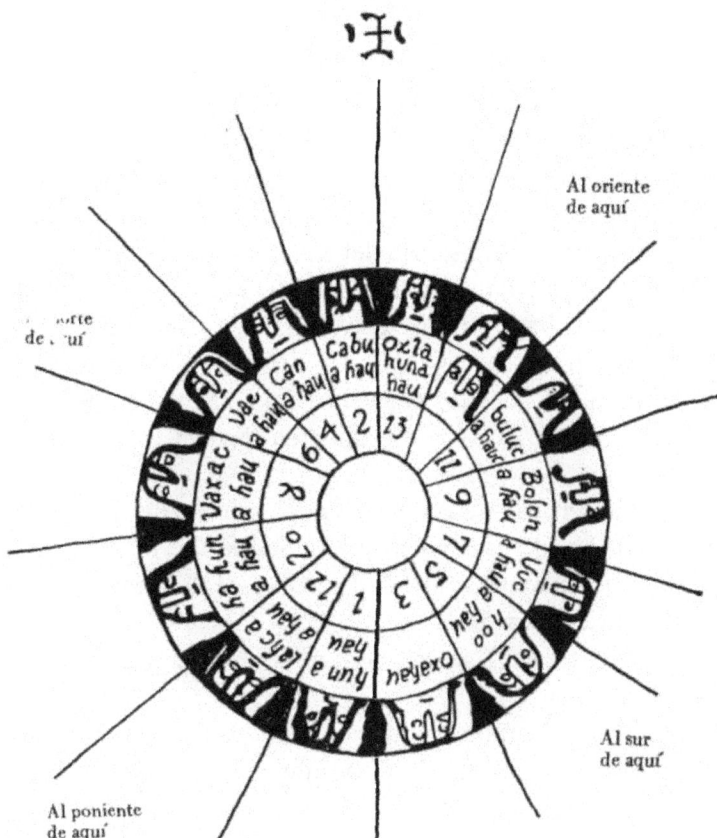

La rueda de los katunes

1. Emal —es el asiento del Katún, del Uno Ahau Katún—. Bajarán cíngulos, bajarán cuerdas, en el día en que bajen la Espuma, el Libro y el Pez.

2. Dos Ahau Maya Cuzamil. —Mayapán.

3. Suhuy-uah es el asiento del Katún, del Tres Ahau Katún. Se tenderá el cuero de la Serpiente y el cuero del Tigre.

—Luciérnagas azules anunciarán el rostro del Señor del Tres Ahau Katún.

4. El Cuatro Ahau —con gran abundancia se asienta el Katún en Chichén Itzá.

5. Zodzil es el asiento del Katún, del Cinco Ahau. — Se le escapará la máscara al Señor del Cinco Ahau Katún.

6. En gran abundancia se asienta el Seis Ahau Katún.

7. Mayapán es el asiento del Katún del Siete Ahau.

8. Lahun (?) Chablé es el asiento del Katún del Ocho Ahau.

9. Nueve Ahau. En muy graves años se asienta el Katún del Nueve Ahau.

10. Lahun-Chablé es el asiento del Katún Diez Ahau.

11. Once Ahau. — El asiento del Katún es Ichcaansihó. Relámpagos.

12. Saclahtun —es el asiento del Katún, del Doce Ahau. Azul y quemado es el rostro de su Señor.

13. Trece Ahau Katún. — En Kin-Colah-petén, se asienta el Trece Ahau Katún.

Relación de los Katunes contados una vez que fue hallada Chichénb Itzá.

Desde muy antiguamente estaba escrita en esta tierra para que pudiera ser sabida por cualquiera que quisiera saber la cuenta de los Katunes.

VI. En el Seis Ahau sucedió que descubrieron Chichén Itzá.
IV. Cuatro Ahau.
II. Dos Ahau.
XIII. Trece Ahau.
XI. Once Ahau.
IX. Nueve Ahau.
VII. Siete Ahau.
V. Cinco Ahau.
III. Tres Ahau.

I. Uno Ahau.
XII. Doce Ahau.
X. Diez Ahau.

VIII. Ocho Ahau. Fue abandonada Chichén Itzá, después de trece dobleces del Katún. Y se establecieron en Chakán-putún, en sus casas, en el tiempo de este Katún.

* * *

VI. Seis Ahau.
IV. Cuatro Ahau. Fue conquistada por ellos la tierra de Chakán-putún.
II. Dos Ahau.
XIII. Trece Ahau.
XI. Once Ahau.
IX. Nueve Ahau.
VII. Siete Ahau.
V. Cinco Ahau.
III. Tres Ahau.
I. Uno Ahau.
XII. Doce Ahau.
X. Diez Ahau.
VIII. Ocho Ahau. Fue abandonado Chakán-putún, por los hombres Itzaes. Y vinieron a poner sus casas otra vez. Trece dobleces del Katún estuvieron establecidos en sus casas de Chakán-putún. En este mismo Katún fueron los Itzaes a vivir bajo los árboles, bajo los arbustos, bajo su miseria.

* * *

VI. Seis Ahau.
IV. Cuatro Ahau.
II. Dos Ahau.
XIII. Trece Ahau.

XI. Once Ahau.

IX. Nueve Ahau.

VII. Siete Ahau.

V. Cinco Ahau.

III. Tres Ahau.

I. Uno Ahau.

XII. Doce Ahau.

X. Diez Ahau.

VIII. Ocho Ahau. Fueron dispersados los Itzaes de sus casas por segunda vez, por el «pecado de palabra» de Hunacceel, por sus alborotos con los de Itzmal. Trece dobleces del Katún habían estado establecidos, cuando fueron dispersados por Hunaceel, «para dar el entendimiento» de los Itzaes.

* * *

VI. Seis Ahau.

IV. Cuatro Ahau. Fue conquistada la tierra de Mayapán, la amurallada, por los Itzaes, que habían sido arrojados de sus casas por los de Itzmal, a causa de la «traición» de Hunaceel.

II. Dos Ahau.

XIII. Trece Ahau.

XI. Once Ahau.

IX. Nueve Ahau.

VII. Siete Ahau.

V. Cinco Ahau.

III. Tres Ahau.

I. Uno Ahau.

XII. Doce Ahau.

X. Diez Ahau.

VIII. Ocho Ahau. Fue derrumbada Mayapán la amurallada, porque los de detrás de la muralla destruyeron la fortaleza, para vaciar de la ciudad de Mayapán el poder amontonado en ella.

* * *

VI. Seis Ahau.

IV. Cuatro Ahau. Hubo peste. Entraron los zopilotes a las casas, dentro de las murallas.

II. Dos Ahau. Hubo viruela, viruela grande.

XIII. Trece Ahau. Murió Ah-Pulá. Seis años faltaban de la antigua cuenta de los años, hacia el Oriente. El Cuatro Kan se detuvo Pop al Oriente. He aquí que yo cuidadosamente puse cabeza contra cabeza los Katunes y los años. El 18 Zip y Nueve Imix es el día de la muerte de Ah-Pulá, Napot Xiú, en el año de 1508.

XI. Once Ahau. Llegaron los «hombres de Dios», del Oriente, los que trajeron el dolor. Su primer principio, aquí en la tierra de nosotros, los hombres mayas, fue en el año de 1513 años.

IX. Nueve Ahau. Empezó el cristianismo. Sucedió el bautismo. Este vino dentro del Katún en que llegó el Obispo Toral. También cesó el ahorcamiento, en el año de 1546 años.

VII. Siete Ahau. Murió el Obispo De Landa.

V. Cinco Ahau.

III. Tres Ahau.

* * *

Cuatro Ahau es el nombre del Katún en que nacieron los Pauáh que fueron sus reyes. Numerosas edades transcurrieron siendo su nombre poderoso.

Cuatro Ahau es el nombre del Katún en que llegaron, la «Gran Bajada», la «Pequeña Bajada», que así se nombran. Numerosas épocas tuvieron poder, tuvieron fama.

Cuatro Ahau es el Katún en que sucedió que buscaron Chichén Itzá. Allí les fueron ofrecidas las sagradas maravillas por sus padres y señores. Cuatro grupos salieron. «Las Cuatro divisiones de la tierra» se nombran. Del Oriente, a Kincolahpetén fue un grupo. Del Norte, a Naco-Cob fue un grupo. De aquí salió una división a la entrada de Suyua, hacia el oeste, al lugar de las cuatro montañas. «Las Nueve Montañas» es el nombre de su tierra.

Cuatro Ahau es el Katún en que sucedió que invitaron a los de las Cuatro Divisiones, nombradas Cantzuculcab, para que vinieran. Fueron «hechos padres» cuando vinieron a Chichén Itzá. Itzaes entonces se llamaron. Trece Katunes ejercieron poder. Y fueron traicionados por Hunaceel. Y abandonaron sus tierras. Y fueron a los bosques desiertos que se llaman Tanxulucmul. Cuatro Ahau es el Katún en que fue el clamor de las almas. Trece Katunes pasaron en el sufrimiento y el exilio.

Ocho Ahau es el Katún en que sucedió que llegaron los restos de los nombrados Itzaes. Llegaron y alzaron su poder en Chakanputún. El Trece Ahau es el Katún en que fundaron la ciudad de Mayapán. Hombres Mayas se llamaron. En el Ocho Ahau abandonaron sus tierras y se derramaron por todo el país. En el Seis Ahau fueron dispersados y dejaron de llamarse Mayas. Once Ahau es el nombre del Katún en que cesaron de nombrarse Mayas. «Mayas cristianos» se nombraron todos, vasallos de los sucesores de San Pedro y de la Majestad del rey.

* * *

Relación de los Katunes de los Itzaes, que se nombran Katunes Mayas.

Doce Ahau.

Diez Ahau.

Ocho Ahau.

Seis Ahau. Derrotaron a los de Coní.

Cuatro Ahau.

Dos Ahau.

Trece Ahau.

Once Ahau.

Nueve Ahau.

Siete Ahau.

Cinco Ahau. Fue destruida la tierra de los dioses de Itzamal, Kinich-Kakmó y Pop-hol-Chac, por Hunac-Ceel.

Tres Ahau.

Uno Ahau. Fueron dispersados los restos de los Itzaes en Chichén. En el tercer año dentro del Uno Ahau fue destruido Chichén.

Doce Ahau.

Diez Ahau.

Ocho Ahau. Éste es el Katún en que fundaron tierras los restos de los Itzaes, que venían del bosque, de debajo de sus cenizas. Tan Xulucmul es su nombre. De allí salieron y fundaron Zac-lac-tun, nombrada Mayapán. En el séptimo año tun, del Ocho Ahau Katún, fue vencido Chakan-putún por Kak-u-pacat y Tec-uilu.

Seis Ahau.

Cuatro Ahau.

Dos Ahau.

Trece Ahau.

Once Ahau.
Nueve Ahau.
Siete Ahau.

Cinco Ahau. Llegó el Señor extranjero de los «mordedores de hombres», llamado «el Señor sin vestidos». No se arruinó la región por ellos.

Tres Ahau.

Uno Ahau. Fue destruida la comarca de Tancáh, nombrada Mayapán. En el primer año tun dentro del Uno Ahau Katún, salió de allí el Soberano Tutul y los príncipes de la tierra y los Cantzuculcab. En ese Katún fueron vencidos los hombres de Tancáh y se dispersaron los príncipes de la tierra.

Doce Ahau. Se tomó su piedra en Otzmal.
Diez Ahau. Se tomó su piedra en Sisal.
Ocho Ahau. Se tomó su piedra en Kankabá.
Seis Ahau. Se tomó su piedra en Hunacthí.

Cuatro Ahau. Se tomó su piedra en Ti-Kuh. En este Katún hubo peste, dentro del quinto año de este Cuatro Ahau Katún.

Dos Ahau. Se tomó su piedra en Chacalná.
Trece Ahau. Se tomó su piedra en Euan.

Once Ahau. Éste es el principio. En Kincolahpetén se tomó su piedra. En este Katún murió Ah-Pulá, nombrado Napot Xiú, en el primer año (tun) del Once Ahau. Éste es el Katún en que llegaron por primera vez los españoles aquí a esta tierra. En el séptimo año (tun) del Once Ahau Katún. Fue cuando empezó el cristianismo. En el año de 1519 años.

Nueve Ahau. No se tomó su piedra. En este Katún llegó el primer Obispo, Fray Francisco Toral. Llegó en el sexto año (tun) de este Nueve Ahau Katún.

Seis Ahau. No se tomó su piedra. Murió el Obispo De Landa en este Katún y llegó el sustituto del Obispo también.

Cinco Ahau.
Tres Ahau.

* * *

Estoy en 18 de agosto de este año de 1766. Hubo tormenta de viento. Escribo su memoria para que se pueda ver cuántos años después va a haber otra.

* * *

Heme aquí en 20 de enero de 1782. Fue cuando se propagó la «inflamación» aquí en el pueblo de Chumayel. Se hincha la garganta de las gentes y baja hasta abajo también. Desde los chicos hasta los grandes, por parejo barre una casa cuando entra. Ésta es su medicina: ceniza aceda y limones, o yerba de sisal para los niños. Empezó desde el año 81. Entonces hubo también grandes sequías porque no entraban las lluvias. Se quemaron todos los montes y se murieron los montes también. Ésta es la memoria que escribo yo.

Don Juan Josef Hoil. [Una rúbrica de marcado carácter español antiguo, como la letra.]

[Aquí termina la primitiva compilación. Sigue una hoja con un apunte en letra muy vacilante e inhábil que dice casi ilegiblemente]:

Chumayel y junio 28 de 1838. Sucedió que presté el Chi-lám Balam, yo Pedro Briseño.

[Otra hoja adicionada, que forma la 84 del manuscrito]:

Miércoles. Estoy en 4 del de 1832 —abril—. Sucedió que señalé el nombre de María Isidora, hija de Andrés Balam y María Juana Sicuras. (?) Domingo. Estoy en 2 de diciembre de 1832. Sucedió que señalé el nombre de Tomás, hijo de Andrés Balam y María Juana Xicum —Padrinos; por María Carbajal, Madrina, Micaela Marín. Justo Balam-Cura, fray— [ilegible].

* * *

[Otro carácter de letra.]

Éste es el día en que compré este libro. 1.º de julio de 1838. Me costó dentro de la pobreza, me costó este libro tres pesos. Éste es el año en que lo compré, junio 1.º Lo señalo para que se sepa qué día pasó a mis manos. Yo, Pedro de Alcántara Briceño, vecino de San Antonio.

Capítulo XIII. Vaticinios de los Trece Katunes

En el Trece Ahau Katún llegó por primera vez a Campeche el barco de los Dzules. Mil y quinientos cuarenta y uno es el nombre del año en que esto sucedió. Y con ellos vino el tiempo en que entraron en el cristianismo los hombres mayas. Fundaron pueblo en Tan-tun Cuzamil, y estuvieron allí un medio año. Y se fueron por la «puerta del agua» hacia el Poniente. Fue cuando les vino el tributo a los Cheles del Poniente. Cuando esto sucedió, era el año de 1542.

Fundaron la comarca de Hoó, Ichcaansihó, en el Once Ahau Katún. Su Primer jefe (halach-uinic) era don Francisco de Montejo, Adelantado. Él dio sus pueblos a los Dzules, «hombres de Dios», dentro del año en que llegaron los padres, cuatro años después de llegar los Dzules. Empezó a «entrar agua sobre la cabeza de los hombres». Se establecieron los padres y se les repartieron pueblos.

En el año de 1544 se cumplían 675 años de que había sido abandonada la ciudad de Chichén Itzá y dispersados sus moradores. Y 870 años de que había sido destruida la ciudad de Uxmal y abandonadas sus tierras.

En el año de 1537, el día llamado Nueve Cauac, sucedió que se juntaron los nobles en Consejo en la ciudad de Maní, para tomar Señor para su pueblo, porque había sido muerto su Soberano.

* * *

He aquí sus nombres: Ah Moó-Chan-Xiú, Nahaú-Ez, Ah Dzun-Chinab, Ná-Poot-Cupul, Ná-Pét-Choo, Ná-Batún-Itzá, Ah-Kin-Euan que vino de Caucel, Nachan-Uc que vino de Dzibilcal, Ah-Kin-Ucan que vino de Ekob, Nachí-Uc, Ah-Kul-Koh, Nachán Mutul, y Nahaú-Coyí. Estos que eran los grandes hombres de la comarca dijeron que iba a tomarse Señor para su pueblo, porque había sido muerto su Soberano, Ah Napot Xiú, en Otzmal.

El Diez Kan era el «cargador del año» en que pasaron «los buscadores de pueblos», de los cuales el nombrado Montejo era el que «escribía los pueblos». El mismo año era cuando pasaron los extranjeros, señores de las tierras, los extranjeros «comedores de anonas». Entonces fue el primer repartimiento de pueblos. Y cuando vinieron los Dzules a tomarlos, «recibidores de visita» fueron a Campeche, adonde salió su barco, y fueron los nobles a darles la bienvenida. Trece embajadores fueron a recibir a los Dzules, y con ellos vinieron a Ichcaansihó. Esto sucedió en el Nueve Ahau Katún.

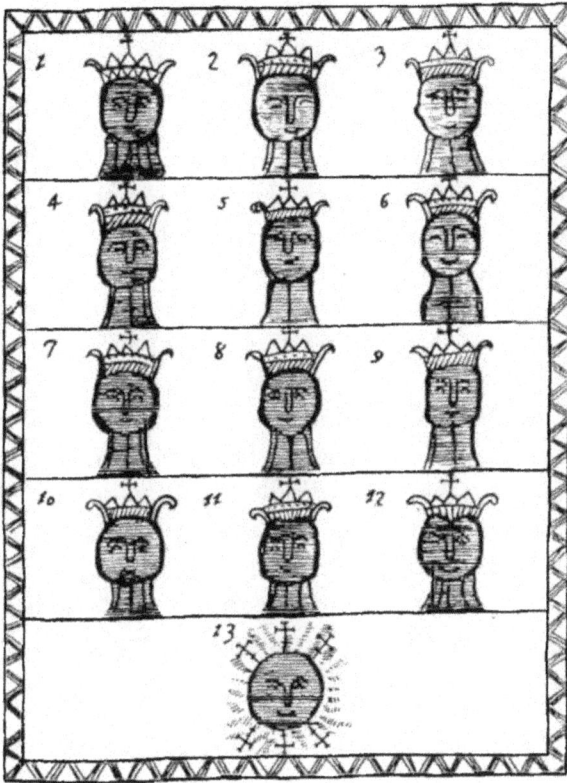

Los señores de los Trece Katunes

La relación de la explicación de la sabiduría de los Libros Sagrados, y del orden del caminar de las épocas, aquí se sacaba, en estas tierras de Nitún-dzalá, Chactemal, Tah-Uaymil, Holtún Itzá, Chichimilá, para que se pudiera saber la «carga» del paso de los Katunes. Uno por uno, cada Katún, ya fuera bueno, ya fuera malo, así era escrito por los escritores de lo sagrado. Evangelistas. Es la palabra del Señor del cielo y de la tierra, el fuego encendido en el rostro del Sol, que vino de arriba, que les fue dado. Así ellos saben el principio de la tierra, el tronco de nuestra raza, y en el recto hablar de los escritores sagrados lo han puesto en los libros. Repuldorio. No tiene error. Muy cuidadosamente revisado, ha sido estampado en este libro por cuatro hombres de noble linaje, venidos del cielo, jugo del cielo, rocío del cielo, Hombres Verdaderos, reyes de esta tierra: Zacaalpuc, Hooltun-Balam, Hochchtun-Poot y Ah Mex-Cuc-Chan.

He aquí que dentro de siete veces veinte años entrará el cristianismo. Será el estruendo y la confusión de los reyes, y la guerra de conquista. Entonces se manifestarán las profecías y el vaticinio de los Katunes. ¡Desdichados de los rostros de las Grandes Figuras cuando llegue el dueño de la Casa de Adoración que está en medio de la ciudad de Hoó! Llegarán del Oriente, del Norte, del Poniente, del Sur, para dar su lengua y su cristianismo. En el decimoséptimo año, para que se pueda subir al cristianismo, llegarán sus padres, llegarán sus Obispos y la que se llama la Santa Inquisición. La Palabra de Dios será hecha. Nadie podrá evitarlo. Amén.

Capítulo del año Katún

Primero. Once Ahau. Primera fundación de la tierra por los Dzules.

El Once Ahau Katún es el principio de la cuenta de los Katunes, es el primer Katún. Ichcaansihó es el asiento de este Katún.

Llegan los Dzules. Rojas son sus barbas. Son hijos del Sol. Son barbados. Del Oriente vienen; cuando llegan a esta tierra, son los señores de la tierra. Son hombres blancos... El principio del tiempo (?) de la flor. Derraman flores.

¡Ah, Itzaes! ¡Preparaos! Ya viene el blanco gemelo del cielo, ya viene el niño todo blanco; el blanco árbol santo va a bajar del cielo. A un grito, a una legua de su camino, veréis su anuncio. ¡Ay, será el anochecer para nosotros cuando vengan! ¡Grandes recogedores de maderos, grandes recogedores de piedras, los «gavilanes blancos de la tierra»! ¡Encienden fuego en las puntas de sus manos, y al mismo tiempo esconden su ponzoña y sus cuerdas para ahorcar a sus padres!

¡Ah, Itzaes! ¡Aquí está vuestro dios! No hay necesidad ninguna de ese verdadero dios que ha bajado. Un pecado es su hablar, un pecado es su enseñanza. Sordos serán sus guerreros, mezquinos serán sus capitanes. ¿Quién será el profeta que lo entienda, ahora que viene a Tancah de Mayapán y a Chichén Itzá?

¡Ay, hermanitos niños, dentro del Once Ahau Katún viene el peso del dolor, el rigor de la miseria, y el tributo! Apenas nacéis y ya estáis corcoveando bajo el tributo, ¡ramas de los árboles de mañana! Ahora que ha venido, hijos, preparaos a pasar la carga de la amargura que llega en este Katún, que es el tiempo de la tristeza, el tiempo del pleito del diablo, que llega dentro del Once Ahau Katún.

¡Recibid, recibid a vuestros huéspedes barbados que conducen la señal de Dios! ¡Vienen vuestros hermanos, ah tantunes! Vienen a pedir su ofrenda. ¡Confundíos con ellos!

He aquí el nombre de sus sacerdotes:

Ah Misnilac-pet (los que tienen un círculo en la cabeza y barren el plato con las narices). De leoncillo, de Anticristo será su semblante en el tiempo en que vengan, en el día que ya está delante de vosotros. ¡Ay, se aumentará la miseria, hijos míos!

Ésta es la palabra de Nuestro padre: Arderá la tierra. Aparecerán círculos blancos en el cielo, en el día que ha de llegar. Viene de la boca de Dios, no es palabra mentirosa. ¡Ay, pesada es la servidumbre que llega dentro del cristianismo! ¡Ya está viniendo! ¡Serán esclavas las palabras, esclavos los árboles, esclavas las piedras, esclavos los hombres, cuando venga! Llegará... y lo veréis. Sus Halach uiniques son los del trono del segundo tiempo, los de la estera del segundo tiempo, dentro de los días del uayeyab, los días maléficos.

Con esto acaba la palabra de Dios.

Once justas son sus jícaras. Ceñudo es el aspecto de la cara de su dios. Todo lo que enseña, todo lo que habla es: «¡Vais a morir!».

¡Vais a vivir, vosotros, los que entendáis las palabras de estas escrituras de vida, hijos de Mayapán! «Se engendró a sí mismo. Su justicia lo puso en la prisión. Ella lo sacó para que fuera atado y azotado. Y entonces vino a sentarse en el pliegue del manto de su Hijo. Su sombrero está en su cabeza, y sus zapatos en sus pies. Atado está su cíngulo a su cintura. Ya está viniendo.»

Segundo
1560

El Nueve Ahau Katún, el segundo Katún, se cuenta en Ichcaansihó, que es el asiento de este Katún. Allí reciben su tributo los señores de la tierra. Allí llegaron los dueños de nuestras almas. Allí se juntaron en uno todos los pueblos. Allí se distribuyeron las comarcas a sus Jefes. Allí se empezó a aprender la santa fe. Allí comenzó a «entrar agua a las cabezas». Allí se fundaron los cimientos de la Santa Iglesia mayor, el palacio de Dios, la virtuosa casa abierta de Dios. Allí se fundó el principio de los siete Sacramentos.

Allí se perdió... [ilegible]. Allí comenzó el trabajo de destrucción en medio del pueblo... la miseria de todo el mundo. Allí se alzó el bien de la palabra de Dios, el mensaje venido de la boca de Dios. Allí llegará una blanca criatura venida del cielo nombrada la Mujer Virgen. Su casa son siete estrellas rojas.

El Nueve Ahau habrá alcanzado su noveno año, cuando se aceptará el cristianismo. Así está escrito por el profeta *Chilam Balam*, con el sagrado Sello del Cielo. Eterno es su tiempo en el cielo, como aquí en la tierra. Del «Espíritu del Cielo», del «Libro del Cielo» baja la palabra de Dios, que viene del cielo para el mundo entero.

Nueve son sus platos, nueve son sus jícaras. ¡Ah, guardaos, Itzaes! No os entreguéis del todo a vuestros huéspedes. Los devoraréis. Ellos os devorarán a vosotros también. Eso sucederá.

Tercero
1580
El Siete Ahau Katún es el tercer Katún. Ichcaansihó es el asiento de este Katún. Relampaguea el semblante de su Señorío y de su sabiduría, delante de la ruina de abajo, delante de los golpes de abajo, que cortan la flor del pan y la flor del agua. Le duele que empiece la lujuria de los hombres sabios.

Llama a las flores, y llama a los guerreros. Allí empieza... Eso pedirá de una vez a todos. De flores es su vestido, de flores su cara, de flores sus zapatos, de flores su cabeza, de flores su caminar. Torcida es su garganta, ladeada su boca, entrecerrados sus ojos, y se le escapa la saliva. Así sus hombres, sus mujeres, sus príncipes, su justicia, sus prelados, sus cristianos, sus maestros, sus grandes, sus pequeños.

No hay Gran Conocimiento. Muy perdidos están para ellos el cielo y la tierra. Muy perdida está la vergüenza. Serán ahorcados los soberanos y los reyes de esta tierra, los príncipes de sus pueblos y los sacerdotes de los mayas. Perdido estará entonces el entendimiento y perdida la sabiduría.

¡Preparaos, Itzaes! Vuestros hijos verán extinguirse el Katún a los golpes de la guerra. Loco es el hablar, loco el semblante del reinado del rey de los espantajos colorados.

—Siete son sus platos, siete sus jícaras. Es la palabra de Dios. Innumerables muertes de horca son la carga de este Katún.

Cuarto
1600
El Cinco Ahau Katún es el cuarto Katún. Ichcaansihó es el asiento de este Katún. Duro es el semblante, duro es el anuncio de su reinado. Mordedor de hijos, cuando venga empezará el pleito del diablo en el mundo. Y allí irá él con su cara de cosa amarga.

Las dádivas abrirán el cielo. Y se abrirá con sobornos la sucesión en los oficios públicos. Sucederá que habrá ahorcados en todas partes. El que levante la cabeza... será mordido. El que levante la cabeza, agujereada la bajará. Vendidos y revendidos serán los hijos. Será cogido el padre de todos. Y habrá un día en que se oirá la danza de las hachas.

Tres grandes montones de grandes hormigas inundarán la tierra. Y cubrirán las cercas del que pone nuestros corazones dentro del tributo. ¡Será el rigor del dolor, el rigor de la discordia; el gobierno de los zorros, el gobierno de los gatos monteses, el gobierno de las chinches, el gobierno de los chupadores, maleficio de los pueblos!

Diciendo viene con voz de trueno: «Voy a abofetear tu espalda». Y a ti, hermanito, hermano, te pondrá de cuatro pies delante de su vista. Es el tiempo del zorro hipócrita. De flores es su banquillo. Se sienta en su trono en medio de la plaza, en medio de su estera —falso trono, falsa estera— en donde estaba antes en el pueblo la Abeja Guardiana de la Colmena.

Los dos, el cacique zorro y «el que pone en cuatro pies» van a dar la peste. Será el principio de las deudas, que eran muy pocas antes, y esto se llamará ahora «la primera vez que se revuelve el gallinero».

Éste será el Katún de las traiciones. Tancáh de Mayapán y la gran Zuhuyuá del tributo, se resbalarán siguiendo al tigre y al tigrillo. ¡Doloroso Katún, dolorosos años de tiránico reinado! Continuos ahorcamientos son la carga del Katún. Si se ahorcara al gobernador de esta tierra, sería el fin de la miseria de los hombres mayas. Y se aligeraría la venida de los Paymiles, para que todo tomara su camino recto.

Quinto
1620
El Tres Ahau Katún es el quinto Katún. Ichcaansihó es el asiento de este Katún. De Ek-Cocah-Mut es el rostro de su reinado y de su sabiduría. De Anticristo es el rostro de su Señorío.

Se encenderá fuego en los cuernos del venado. En Ichcaan-sihó será extendida del revés la piel del jaguar, en medio de la plaza. Aspecto de perro tiene.

La Luna tendrá círculos blancos de lluvia. Se empaparán los cielos de lluvias; resonarán los cielos de aguaceros; las lluvias asaetearán los cielos, las lluvias celestiales, celestiales lluvias del algodón, lluvias de los gallos, lluvias de los venados.

Bajarán hormigas como tigres, largas como tres medidas de hombre. Vendrán años de langosta. Tres veces «colgarán su estrechez». Tres veces se morirán las hojas del chile.

Con acento sordo y triste se irán contando por las encrucijadas de los caminos los signos del Katún.

Gemirán las almas de los muertos en los socavones de la ciudad de piedra de los Itzaes.

Dirá cuando venga: «Heme aquí, me asiento en Ichcaan-sihó. Heme aquí. Soy César Augusto que me siento a recibir mi limosna en el desierto...».

Primero
1640
El Uno Ahau Katún es el séptimo Katún. Emal es el asiento del Katún, en el tiempo en que llegan Ix Puc-Yolá y Ox Ualah-Cii. Bajarán cuerdas, bajarán cordones del cielo. Su palabra no será mentira. Vienen para que se cumpla la palabra del Señor del Cielo, que no es palabra de engaño.

De perro es su señal, de zopilote es su señal. Una bandera es su segundo cuerpo. De zorro es la cara de su reinado. Estériles son su entendimiento y su palabra. Estéril es su miembro viril y abollada está la cuchilla de pedernal de su reinado y de su sabiduría.

Millares de verrugas llegarán a morder a Balam y a Canul. Con dolor llegó el hambre, cuando desapareció el alimento. La satisfacción se perdió junto con la comida. Siete años picará una verruga, siete años picará al Guardián del Templo. Y bajará la justicia de Nuestro padre Dios sobre los destructores, sobre los gavilanes blancos de los pueblos, sobre los muñecos colorados, los pícaros bellacos. Entonces llegará otro diferente lenguaje y otra enseñanza diferente.

No creerán los hombres mayas. Será cantada dentro de ellos la palabra de Dios, el Señor del cielo, para que enderecen su camino, para que abandonen lo malo de sus obras. Los viejos hombres mayas no quieren oír la palabra de Dios, en casa de su padre y de su juez. Serán apesadumbrados por el rey del mundo. Poco es lo que creen y ni eso creen tampoco. «No importa —decís—, todos están contentos.»

Los Guardianes de la Colmena encenderán el fuego, que es la Señal del purísimo y único dios de los mayas en la virginidad de la Única iglesia. Allí será proclamada y allí será oída la palabra del Señor del Cielo, del Señor de la Tierra.

Se llenará de tristeza el mundo. Se estremecerá el ala de esta tierra y se estremecerá el centro de esta tierra en el día en que lleguen los venerables Señores Ah-Bentanes. Es la palabra de Dios.

En tres partes bajará la justicia de Nuestro padre el Dios sobre todo el mundo.

Vendrá una gran guerra sobre los gavilanes blancos de los pueblos. Y se sabrá si es verdaderamente fuerte su fe cuando bajen los siervos a regar agua caliente en la cara de las polillas de la tierra, de los pícaros bellacos, de los buitres de los pueblos, de los gatos monteses de los pueblos.

Y llegará entonces «el dios que no tiene fin» y cortará la atadura de la carga de nuestra miseria, Xotom Ahau. Y bajará del cielo el castigo de todos, el castigo de todo el mundo. Seguidamente vendrá tiempo de grandes sequías en todas las naciones del mundo.

Solo quedarán veinte de los Guardianes de la Arena, Guardianes del Mar, como los de Uaymil, como los de Emal. Sepultados serán sus restos en medio del mar, al fin de la guerra.

Así será hecho que llegue el Katún siguiente. Se soltará y asomará el pleito del diablo, del Anticristo; se peleará a cuchilladas, saldrá la discordia oculta, se peleará con fusiles, y se combatirá a empujones y a pedradas. Y al acabar este Katún, César Augusto recibirá su limosna en medio de los despoblados.

He aquí que hambres, epidemias y pestes vienen con espantoso caminar, en fila en el camino, y una sustituye a la otra.

¡Hermanos, hermanitos, venidos al mundo hijos de siervos! Cuando llegue el rey y sea adivinado, será coronado el rostro del Hijo de Dios. Y llegará el Obispo, la Santa Inquisición que se llama, ante Saúl a pedir concordia con los cristianos para que se acabe la opresión y sea el fin de la miseria.

He aquí que cuando vaya a acabar la guerra grande, se levantarán cinco provincias de la llanura a pelear unas con otras la guerra chica del Uno Ahau Katún.

Tempestades de remolino son la carga del Katún. Y lluvias continuas, cielos empapados en lluvias.

Se acabarán bruscamente las faenas de los campos. Entonces viene la carga de los juicios, llega el tributo. Se pedirán probanzas, ¡con siete palmos de tierra encharcada!

Entonces se hará muy fuerte el servicio de Dios. Dejará de recibir su dinero el Anticristo. No vendrá el Anticristo. No quiere nuestro padre Dios. No se perderá esta guerra, aquí en esta tierra, porque esta tierra volverá a nacer.

Éste es el origen del Anticristo: la avaricia, los avarientos. Si no hubieran venido los «hombres de Dios» no habría despojos, no habría codicia ni menosprecio de la sangre de los otros hombres, ni de las fuerzas de los humildes. De sus propias fuerzas comería cada uno. Cuando vengan los cinco frutos del árbol, comerán los tigrillos Ah bentana, pues está ofendido el Señor del Cielo. Con viruelas acabará este Katún. Se levantará guerra en Habana. Muchos barcos.

Segundo
1660
El Doce Ahau Katún es el octavo Katún. Se cuenta en Saclahtún que es el asiento del Katún. De Yaxal Chuen es el rostro del décimo primer cielo. Roja es la faz de su reinado.

—Juntos en un lazo hay día del cielo y noche del cielo.

—Es gran trabajador y gran sabio.

Habrá muy buenos Halach Uinices, muy buenos Batabes, y habrá muy buena voluntad en las opiniones de todo el mundo. Se enriquecerán los hombres pobres. Cosechas y cosechas son el hablar del Katún, y años ricos y mucha hacienda.

En este buen Katún vendrán buenos aguaceros. Los frutos saldrán como piedras de la tierra. Los cristianos andarán junto con Dios. No habrá entonces gatos monteses ni tigrillos que muerdan. Entonces se pedirá la doctrina a los regidores de los pueblos y se abrirá la «puerta de plata», y tendrán lugar los casamientos del pueblo. En la casa de los cuatro pisos pediremos nuestros zapatos y a la vez será donde nos darán cristianismo. Un nuevo día baja sobre nosotros, según decís ahora.

He aquí que va a acabar este Nicté Katún. Vendido acabará. Llegará la palabra del rey. Y van a llegar siete buenas estrellas de color encarnado. Y tendrá ajorcas el cielo. Y habrá recios aguaceros en el año decimoséptimo.

Tercero
1680

El Diez Ahau Katún, Chablé es el asiento del Katún. Allí llegarán sus pobladores. Y los árboles del bosque se doblarán sobre ellos, que serán los reyes de la tierra.

Se quemarán las pezuñas de los animales; arderán las arenas del mar; se incendiarán los nidos de los pájaros. Reventarán las cisternas. Grandes sequías son la carga del Katún. Es la palabra de Nuestro padre Dios y de la Señora del Cielo. Nadie podrá escapar al filo de la guerra. Es la palabra de Nuestro padre Dios, Dios Hijo, Señor del Cielo y de la Tierra. Va a suceder con todo rigor sobre todos.

Llegará el «Santo Cristiano» trayendo el tiempo en que se conviertan los soberbios de su mal camino.

Y nadie podrá evitar que en los días de los grandes soles, se deje ir sobre ellos la palabra de los sacerdotes mayas. Es la palabra de Dios.

Cuarto
1700
El Ocho Ahau Katún es el noveno Katún. Itzmal es el asiento del Katún.

¡Kinich Kakmó! Bajarán escudos, bajarán flechas, en pos de los reyes de la tierra. Y plantarán la «cabeza» de las comarcas de la llanura, y será la Señora de la Tierra. Será el fin de la opresión y de las desdichas de todos. Es la palabra de Dios. Muchas guerras serán hechas por sus moradores.

Quinto
1720
El Seis Ahau Katún es el décimo Katún. Se cuenta en Uxmal, que es el asiento del Katún.

Allí se afirmarán, extendiéndose sobre sus pies. Revuelta es su historia, confuso el reinado de su rey. Los engañará su malicioso hablar. Y entonces bajará Dios el Verbo, y les cortará las gargantas por sus traiciones. Y entonces resucitarán a esperar el juicio de Dios Nuestro padre. Y entrarán al cristianismo con sus vasallos. Todos los nacidos aquí en el mundo entrarán al cristianismo.

Primero
1740
El Cuatro Ahau Katún es el undécimo Katún. Se cuenta en Chichén Itzá, que es el asiento del Katún.

Llegarán a su Ciudad los Itzaes. Llegarán plumajes, llegarán quetzales. Llegará Kantenal, llegará Xekik, llegará Kukulcán. Y en pos de ellos otra vez llegarán los Itzaes. Es la palabra de Dios.

Segundo
1760
El Dos Ahau Katún es el duodécimo Katún. Los mayas regresarán a Cuzamil, que es el asiento de este Katún. Ni poco ni mucho será su pan, ni poca ni mucha será su agua.

Ésta es la palabra de Dios. Resonará por algún tiempo el templo de sus dioses. Éste es el fin de la palabra de Dios.

Tercero (Juicio)
El Trece Ahau Katún se lee en Kinchil-Cobá que es el asiento del Katún, del Katún decimotercero.

Todos iguales por dentro, los reyes de la tierra oirán el juicio de Dios Nuestro padre.

Correrá la sangre de los árboles y de las piedras. Arderán el cielo y la tierra. Es la palabra de Dios el Verbo, de Dios Hijo, y de Dios Espíritu Santo. Éste es el Santo Juicio de Dios.

Les faltaran las fuerzas al cielo y a la tierra. Entrarán al cristianismo grandes ciudades y sus moradores. Una muy grande ciudad, que quién sabe cuál es su nombre, grandísima, se tragará ésta nuestra tierra maya de Cuzamil y Mayapán, la de nuestros hombres del Segundo Tiempo, la que está bajo el peso de la rabia, y donde los hijos nacen siervos; donde al fin se perdió la fuerza y la vergüenza, ¡el alma viva de nuestros hijos en flor!

No tenemos buenos sacerdotes y la causa de nuestra muerte es la sangre mala. Sale la Luna, se va la Luna, se hace entera la Luna. Antiguamente podía ser una sola la sangre, y como en el resplandor de los planetas se veía su bondad.

Es el fin de la palabra de Dios. Vendrá sobre ellos el agua del «segundo nacimiento», las «santas almas» recibirán el santo óleo, sin ser obligadas, sino viniendo ello de Dios. Al santo cielo irán los cristianos, guardados por su santa fe. Y los Itzaes y los Balames dejarán de perderse...

[Falta toda la página siguiente.]

...Juicio de Dios a los hombres buenos. «Venid conmigo, vosotros, los hombres benditos de mi padre, que habéis ganado la gloria eterna, hecha por mi padre cuando el principio del mundo. Obedecisteis la "palabra dicha", hicisteis penitencia si me ofendisteis antes. Así, pues, vamos al cielo.» Y entonces volverá su mirada a los pecadores, que estarán llenos de soberbia. «Alejaos de mí, malditos de mi padre, id al fuego del infierno que no tiene fin, que fue hecho para el diablo por mi padre. Así, idos con él para siempre al sufrimiento.» Y entonces se irán al infierno los hombres malos. Los hombres buenos irán en pos de Dios Nuestro padre, a la perpetua gloria, a la justa gloria.

En Josafat hay tres hombres muy servidores de Dios, muy grandes en años por obra de Dios; Elías, Matusalén y Enoc son sus nombres. Viven hasta hoy. Allí están puestos por Dios para cuidar su Silla. Hará cuenta Dios en un valle de la tierra, en una gran llanura. Allí entonces se sentará sobre su Silla Su Majestad. Los de piel de cordero estarán a la derecha; los de piel de chivo estarán a la izquierda. Los que estén a la izquierda, serán los hombres malos, los que no cumplieron todos los mandamientos de Dios. Entonces se irán para siempre a las penas del infierno, al centro de la tierra, dicho por nuestro Primer padre. Entonces dirá a los que estarán a la derecha del Gran rey Dios, los hombres buenos, cumplidores de los mandamientos: «Vamos, vosotros, los benditos de mi padre; tomad el reino hecho para vosotros desde el principio del mundo».

Entonces se acercará una gran nube, hecha de estrellas, desde lo alto del cielo, hasta la tierra. Y sonará dulcemente el canto de los ángeles, con una dulzura que no tiene igual. Y subirá el Verdadero Dios, Señor del cielo y de la tierra.

Capítulo XIV. Las últimas profecías

Estas palabras compuestas aquí son para ser dichas al oído de los que no tienen padre y de los que no tienen madre. Estas palabras deben ser escondidas, como se esconde la Joya de la Piedra Preciosa.

Son las que dicen que vendrán a traer el cristianismo, a Tancáh de Mayapán y a Chichén Itzá, y será arrollado Suhuyuá, y será arrollado el Itzá. Despertará la tierra por el Oriente, por el Norte, por el Poniente y por el Sur.

Venido de la boca de Dios es, y lo manifiestan cinco sacerdotes. Sacerdotes adoradores, llegados a la presencia de Dios. Ellos profetizaron la carga de la amargura para cuando venga a entrar el cristianismo.

He aquí sus nombres escritos:

Chilam-Balam, Gran sacerdote.
Napuc-Tun, Gran sacerdote.
Nahau-Pech, Gran sacerdote.
Ah Kuil-Chel, Gran sacerdote.
Natzin-Yabun-Chan, Gran sacerdote.

Estos Hombres de Dios, doblando su espalda sobre la tierra virgen, manifestaron la carga de las penas, en presencia de Dios Nuestro padre, para cuando venga a entrar el cristianismo. Vómitos de sangre, pestes, sequías, años de langosta, viruelas, la carga de la miseria, el pleito del diablo. En el cielo habrá círculos blancos y arderá la tierra, dentro del Tres Ahau Katún y el Uno Ahau Katún y los tres katunes malos.

Así fue escrito por el profeta y Evangelista Balam, lo que vino de la boca del Señor del cielo y de la tierra.

Y lo pusieron los sacerdotes en escritura sagrada, en el tiempo de los Grandes Soles, en Lahun Chablé.

Dentro del cristianismo llegarán Saúl y don Antonio Martínez, para que los hijos de sus hijos reciban justicia. Y entonces despertará la tierra.

Así está escrito, por mandato del Gran sacerdote y profeta *Chilam Balam*, por el que habla. Amén. Jesús.

La interpretación histórica de Yucatán

Profecía del sacerdote Napuc Tun

Arderá la tierra y habrá círculos blancos en el cielo. Chorreará la amargura, mientras la abundancia se sume. Arderá la tierra y arderá la guerra de opresión. La época se hundirá entre graves trabajos. Cómo será, ya será visto. Será el tiempo del dolor, del llanto y la miseria. Es lo que está por venir.

Profecía de Ah Kuil Chel, sacerdote

Lo que se desentraña de este Katún, padre, entendedlo así, ya está viniendo. No será arrollada otra vez la estera del Katún, padre, cuando vendrá en gran demasía el peso del dolor. Vendrá del Norte, vendrá del Poniente. En los días que vamos a tener, ¿qué sacerdote, qué Profeta dirá rectamente la voz de las Escrituras?

Padre, dentro del Noveno Ahau —entendedlo así todos los que pobláis esta tierra— todas las almas estarán selladas de grandes y feos pecados.

«¡Ay, dulce era el poderoso tiempo que pasó!» —dirán llorando los Señores de esta tierra—. ¡Entristeced vuestros espíritus, Itzaes!

Profecía de Napah Pech, gran sacerdote

En los días que vienen, cuando se detenga el tiempo, padre, cuando haya entrado en su señorío el Cuarto Katún, se acercará el verdadero conductor del día de Dios. Por esto amarga lo que os digo, padre, hermanos del mismo vientre; porque el que os visitará, Itzaes, viene para ser el Señor de esta tierra cuando llegue.

Esto viene de la boca de Nahau Pech, sacerdote. En tiempo del Cuatro Ahau Katún, padre, como hormigas irán los hombres detrás de su sustento; porque como fieras del monte estarán hambrientos, y como gavilanes estarán hambrientos, y comerán hormigas y tordos, y grajos, y cuervos, y ratas.

Profecía de Natzin Yabun Chan
quien desde antiguamente dijo:
El verdadero Dios de esta tierra, el que esperáis que aparezca, padre, vendrá traído en hombros de dolorosos días. Dad meditación en vuestro entendimiento a su palabra, y la debida cordura. Vuestras almas la recibirán verdaderamente.

¡Hastiados de lo que adoráis, Itzaes! ¡Olvidad vuestros caducos dioses, todos vuestros dioses perecederos! Existe el Poderoso Señor, creador del cielo y de la tierra.

Duele a vuestro espíritu que os lo diga, Itzaes de los mayas. No queréis oír que existe Dios. Creéis que lo que adoráis es verdadero. Creed ya en estas palabras que os predico.

Profecía de *Chilam Balam,*
que era Cantor, en la antigua Maní.

1. En el Trece Ahau, en las postrimerías del Katún, será arrollado el Itzá y rodará Tancáh, padre.

2. En señal del único Dios de lo alto, llegará el Árbol sagrado, manifestándose a todos para que sea iluminado el mundo, padre.

3. Tiempo hará de que la alianza esté sumida, tiempo hará de que esté sumida la ambición, cuando vengan trayendo la señal futura los hombres del Sol, padre.

4. A un grito de distancia, a una medida de distancia, vendrán y veréis el pájaro mut que sobresale por encima del Árbol de Vida.

5. Despertará la tierra por el Norte y por el Poniente. Itzam despertará.

6. Muy cerca viene vuestro padre, Itzaes; viene vuestro hermano, Ah Tan-Tun.

7. Recibid a vuestros huéspedes que tienen barba y son de las tierras del Oriente, conductores de la señal de Dios, padre.

8. Buena y sabia es la palabra de Dios que viene a vosotros. Viene el día de vuestra vida. No lo perdáis aquí en el mundo, padre.

9. «Tú eres el único Dios que nos creaste»: así será la bondadosa palabra de Dios, padre, del Maestro de nuestras almas. El que la recibiere con toda su fe, al cielo tras él irá.

10. Pero es el principio de los hombres del Segundo Tiempo.

11. Cuando levanten su señal en alto, cuando la levanten con el Árbol de Vida, todo cambiará de un golpe. Y aparecerá el sucesor del primer árbol de la tierra, y será manifiesto el cambio para todos.

12. El Signo del único Dios de arriba, ese habréis de adorar, Itzaes. Adorad el nuevo signo de los cielos, adoradlo con voluntad entera, adorad al verdadero Dios que es éste, padre.

13. Meted en vosotros la palabra de Dios único, padre.

14. Del cielo viene el que derrama la palabra para vosotros, para vivificar vuestro espíritu, Itzaes.

15. Amanecerá para aquellos que crean, dentro del Katún que sigue, padre.

16. Y ya entra en la noche mi palabra. Yo, que soy *Chilam Balam*, he explicado la palabra de Dios sobre el mundo, para que la oiga toda la gran comarca de esta tierra, padre. Es la palabra de Dios, Señor del cielo y de la tierra.

* * *

Buena es la palabra de arriba, padre. Entra su reino, entra en nuestras almas el verdadero Dios; pero abren allí sus lazos, padre, los grandes cachorros que se beben a los hermanos esclavos de la tierra. Marchita está la vida y muerto el corazón de sus flores, y los que meten su jícara hasta el fondo, los que lo estiran todo hasta romperlo, dañan y chupan las flores de los otros. Falsos son sus reyes, tiranos en sus tronos, avarientos de sus flores. De gente nueva es su lengua, nuevas sus sillas, sus jícaras, sus sombreros; ¡golpeadores de día, afrentadores de noche, magulladores del mundo! Torcida es su garganta, entrecerrados sus ojos; floja es la boca del rey de su tierra, padre, el que ahora ya se hace sentir.

No hay verdad en las palabras de los extranjeros. Los hijos de las grandes casas desiertas, los hijos de los grandes hombres de las casas despobladas, dirán que es cierto que vinieron ellos aquí, padre.

¿Qué profeta, qué sacerdote será el que rectamente interprete las palabras de estas Escrituras?

Finis

Libros a la carta

A la carta es un servicio especializado para empresas,
librerías,
bibliotecas,
editoriales
y centros de enseñanza;
y permite confeccionar libros que, por su formato y concepción, sirven a los propósitos más específicos de estas instituciones.

Las empresas nos encargan ediciones personalizadas para marketing editorial o para regalos institucionales. Y los interesados solicitan, a título personal, ediciones antiguas, o no disponibles en el mercado; y las acompañan con notas y comentarios críticos.

Las ediciones tienen como apoyo un libro de estilo con todo tipo de referencias sobre los criterios de tratamiento tipográfico aplicados a nuestros libros que puede ser consultado en Linkgua-ediciones.com.

Linkgua edita por encargo diferentes versiones de una misma obra con distintos tratamientos ortotipográficos (actualizaciones de carácter divulgativo de un clásico, o versiones estrictamente fieles a la edición original de referencia).

Este servicio de ediciones a la carta le permitirá, si usted se dedica a la enseñanza, tener una forma de hacer pública su interpretación de un texto y, sobre una versión digitalizada «base», usted podrá introducir interpretaciones del texto fuente. Es un tópico que los profesores denuncien en clase los desmanes de una edición, o vayan comentando errores de interpretación de un texto y esta es una solución útil a esa necesidad del mundo académico.

Asimismo publicamos de manera sistemática, en un mismo catálogo, tesis doctorales y actas de congresos académicos, que son distribuidas a través de nuestra Web.

El servicio de «Libros a la carta» funciona de dos formas.

1. Tenemos un fondo de libros digitalizados que usted puede personalizar en tiradas de al menos cinco ejemplares. Estas personalizaciones pueden ser de todo tipo: añadir notas de clase para uso de un grupo de estudiantes, introducir logos corporativos para uso con fines de marketing empresarial, etc. etc.

2. Buscamos libros descatalogados de otras editoriales y los reeditamos en tiradas cortas a petición de un cliente.

www.ingramcontent.com/pod-product-compliance
Lightning Source LLC
Chambersburg PA
CBHW022011090426
42741CB00007B/979